【诸子如是说】系列

列子原来这样说

姜正成◎编著

中国华侨出版社

图书在版编目（CIP）数据

列子原来这样说/姜正成 编著. —北京：中国华侨出版社，
2012.6（2023.1重印）

ISBN 978-7-5113-2475-7

Ⅰ.①列… Ⅱ.①姜… Ⅲ.①道家②《列子》-通俗读物
Ⅳ.①B223.2-49

中国版本图书馆CIP数据核字（2012）第109768号

● 列子原来这样说

编　　著／姜正成
责任编辑／崔卓力
责任校对／志　刚
版式设计／丽泰图文设计工作室／桃子
经　　销／全国新华书店
开　　本／710×1000毫米　1/16开　　印张/15.5　字数/228千字
印　　刷／三河市嵩川印刷有限公司
版　　次／2012年6月第1版　2023年1月第3次印刷
书　　号／ISBN 978-7-5113-2475-7
定　　价／48.00元

中国华侨出版社　北京市朝阳区静安里26号通成达大厦3层　邮编：100028
法律顾问：陈鹰律师事务所
编辑部：(010) 64443056　64443979
发行部：(010) 64443051　传真：(010) 64439708
网　址：www.oveaschin.com
E-mail：oveaschin@sina.com

列子，名御寇，战国前期思想家，郑国人。列子著书有旧本二十篇，多寓言。刘向去其重复，存者八篇，号曰道家。道家者，秉要执本，清虚无为，及其治身，务崇不兢，合于六经元号列子书曰冲虚至德真经。唐玄宗天宝年间诏封为"冲虚真人"，宋宣和加封列子号为冲虚观妙真君。

　　列子在思想上崇尚虚无缥缈，被称作"有道之士"。古书中有他御风而行的记载，这是他潇洒的一面。然而现实中的列子则时常处于困顿之中。《庄子》中留下了这样的记载：子列子穷，容貌有饥色。但他穷得非常有骨气。当郑国大官员派人给他送来粮食时，他坚决辞而不受。列子之学，本以黄帝、老子为宗。相传他曾向关尹子问道，拜壶丘子为师，后来又先后师事老商氏和支伯高子，得到他们的真传，而友伯昏瞀人。修道九年之后，他就能御风而行。《述异记》中说，列子常在立春日乘风而游八荒，立秋日就反归"风穴"，风至则草木皆生，去则草木皆落。《吕氏春秋》说："子列子贵虚。"他认为"至人之用心若镜，不将不迎，应而不藏，故能胜物而不伤"。他认为应摆脱人世间贵贱、名利的羁绊，顺应大道，淡泊名利，清静修道。他的思想可以分以下几个方面论说。

　　第一，列子这样说大道：顺从自然之道。人类的社会习俗以外的那个世界，是深奥不可测的，是充满活力的，这个自然的深奥。自然的活力，远远超过人的智力和理解力，道家思想家一个重要的信念，就是人要信任自然的指示，要信任自然的指引，而不能信任文化的规范，特别不能信任自己的智力，不能自高自大，在自然面前要谦卑，这是道家最重要的一个原则。

第二，列子这样说巧术：内外相应。所谓巧术是人为的，是自主意识的产物，不是人生下来顺着自然成长所具备的。在列子看来必须要得之以外，内心与事物吻合是应之以内。只要内外相合，发生共鸣，也就是人的主观与外界事物融合为一的自然而然的境界。

第三，列子这样说修身：物我两忘。它是指顺依人之自然本性，放纵心之所思所想、体之所欲所求，实现与生俱来的物质和精神欲望，尽情享受人生所获得、所拥有的一切。《列子·杨朱》中管夷吾说：纵欲就是不要阻碍遏制身心欲望，放任耳朵所想听的，放任眼睛所想看的，放任鼻子所想闻的，放任嘴巴所想说的，放任身体所想处的，放任意愿所想做的。

第四，列子这样说生死：淡然生死。列子认为人之所以恋生惧死，根本的原因就在于他们没能真正地认清生与死，一旦人们正确地认识了生与死的本质，他们自然就能克服对生命的贪恋和对死亡的恐惧，从容做到达生乐死，于是对生与死的困惑也就迎刃而解了。但是，为了让人们能够正确认识生与死的本质，首先要确保人们用来认识生与死的思维方式是能够用来把握生与死的本质。

第五，列子这样说智愚：观行闻声。道家否定前识，但并不否定分析和判断事物发展的未来。在它看来，前识是没有根据、谎托神意的虚构，分析和判断事物发展则需要依据事物目前存在的状态及其发展的趋势。

第六，列子这样说口才：至言无言。列子说："至为为不为，至言为不言，至射为不射，不射之射。"《列子·汤问》中的《纪昌学射》讲述的是：无为而无不为，即通过不为，达到最终的为，纪昌得之，所以成了知名射手。而《不射之射》中，则讲述夫唯不争，故天下莫能与之争，只有在最终的放弃后，才最终得道。

　　第七，列子这样说立命：安时顺命。列子认为，人无法改变命运，想要改变也是徒劳无益的，所以最好的方法就是顺从它，也就是认命。这就是道家所提倡的顺其自然，道家说："顺其自然是一种与天地万物和谐统一的精神境界"，故而，安时顺命，不具有一般意义上的被动性，却具有潜意识状态下的主动性。

　　第八，列子这样说真假：虚虚实实。哲人们总爱说真假，既有智慧与通达，也多少有点骗人的意思。哲人们自己看透了，却很难用语言表达，勉强去凑合一般人的口气，便说：那是假的。要是说得有点深奥，那便是：境由心造。

　　顺应自然是道家思想的核心，道家的生命观其实是告诉我们不要太执著于当下"我"的生命，而要从宇宙自然的永恒生命的背景中去体验个体生命的永恒，这样你就能达到齐物我、同生死、天人合一的精神境界。

第一章 自然而然——列子原来这样说大道

道家的大道思想主张清静无为，一切顺从自然。基于同其他思想流派一样的对生命以及世界的肯定，有所作为的思想和从忘我的癫狂而来的无为思想对他们来说是既定的。然而问题在于如何把两者联系在一起。道家思想家们的解决方法是：他们认为自然的现象比如星象的变化，季节的更替，植物的生长、开花以及结果实都是由一种发乎内在的、安静的、不以明显的作为表现出来的力量在起着作用，并且他们要求人们能够以这种至高作为的力量作为自己的榜样。道家认为自然相对于个人来说，不只关注个人的，而是整体的福祉。它不是不仁慈，而是一种不同的、更为广泛的以及更高境界的超乎于个人的仁慈。人应该学习这种更高层次的仁慈，但必须知道人不可能比自然更具智慧、做得更好。所以选择顺从自然，才是大智慧也。

第二章 内外相应——列子原来这样说巧术

列子认为世界上没有巧术，能不能成功要看是否合乎自然的法则。"去智"，就是摒弃人的智巧作为，顺应自然，不违万物之性，以求通乎万物。列子认为万物生生死死，是必然之命，人的智巧无能为力。鬻熊对文王说：事物自身的发展不是外力所能增加或是减损的，人的智谋又有什么办法呢？既然不用智巧，那么人到底怎样做呢？文章说"圣人恃道化而不恃智巧"，具体做法是"在己无居，形物其箸。其动若水，其静若镜，其应若响。故其道若物者也"，"亦不用心，亦不用力"。但值得注意的是列子并非绝对摒弃名和智，《列子·天瑞》中"盗亦有道"的故事，指出人可以认识天地之道、顺乎此道，取得己身所需；在《列子·杨朱》篇末，列子认为：现在人有名就尊荣，无名则卑辱；尊荣就会逸乐，而卑辱就会忧苦；忧苦，违反人性，逸乐，顺乎人性，这样看来，实与名息息相关，名不可摒弃。总之，非与不非，去与不去，关键在于遂顺人性，以获得当生的快乐。

第三章　物我两忘——列子原来这样说修身

人生在世，个体的存在固然重要，但是没有自然、社会供我们以存在条件，个体是一刻也不能生存的。可见生命存在，必然要解决两个方面的问题，一个是己身的问题，另一个是人与自己所生存的环境关系问题，并且二者是紧密联系，无法截然分开的。可见，要求得当生的快乐，消除一切外在阻碍人身心逸乐的束缚也是必要的。列子认为只有人们保持虚静，在己身生存之所得到合适位置，和同于物，才可摆脱一切外在束缚。"静也虚也，得其居矣；取也与也，失其所矣"（《列子·天瑞》）。有"梁鸯养虎"之例，梁鸯所养虎狼鹏鹗无不驯服，雄雌在前，孳尾成群，异类杂居，不相搏噬。梁鸯与鸟兽相处的心得是："夫喜之复也必怒，怒之复也常喜，皆不中也。今吾心无逆顺者也，则鸟兽之视吾，犹其侪也"，足见顺物之性，视物如己，将会物我相谐。

第四章 淡然生死——列子原来这样说生死

《列子·杨朱》中公孙朝、公孙穆对子产的责备回言曰：凡生之难遇而死之易及。以难遇之生，俟易及之死，可孰念哉？故人生于世，理当以生为乐，荣启期行郕之野，鼓琴而歌，何也？因自知人生有不见日月、不免襁褓者，而己生命尚存，理当高歌。诚若古语：生相怜，死相捐。生固重要，己更可贵。伯成子高不以一毫利物，舍国而隐耕。大禹不以一身自利，一体偏枯。古之人损一毫利天下不与也，此为何也？孟孙阳给了答案"然则积一毛以成肌肤，积肌肤以成一节。生相一毛固一体万分中之一物，奈何轻之乎"。身之一毛，可谓小之至极，但仍是己身所有，不愿轻弃，足见贵己之甚；然而从他的另一句话"悉天下奉一身不取也"足以确证他绝非是损人利己的极端利己主义，可见重生贵己，实质是将个体生命置于高于一切的位置。重生贵己，为遂顺人性之必要，而要求的当生的快乐，在重生贵己的基础上，还要任性纵欲。

第五章　观行闻声——列子原来这样说智愚

"万事可以理推"之"理"乃是一种抽空了感觉经验的纯粹逻辑形式，如相信大之外还有更大者即是；"不可以器证"说的就是感觉器官的局限性了。得道之人深知这个道理，所以列子要通过描述世界的无限性来提醒人们不要过于依赖自己的理性经验，以消除心智和感官对于至道之知的阻碍。最佳例证莫过于愚公移山的故事：愚公名为"愚"，却用他那种违背常识的方式获得了至道，因为他那种超出日常限度的恒心与专注与佝偻承蜩一样，"意专则与神相似者也"，正符合了忘智凝神、寂然玄照的体道方式的要求；智叟名为"智"，却是"俗谓之智者，未必非愚也"（汤问注），他的"聪明"恰恰是求道的大碍，他的真理与至道之知之间存在着巨大的鸿沟，甚至到了相悖的程度。哪怕像孔子那样博学多知的圣人，对于两小儿辩日这种（在当时）属于至道之知范围内的难题也显得无知可笑，更凸显了感官经验之"智"对于"道"的不可企及。如果无视这一点，强以常人的认知或行为方式去追求至道，就很有可能像夸父追日那样，酿成灾难性的后果。

第六章 至言无言——列子原来这样说口才

虚己顺物。"虚己"就是含藏己意,至言去言。《黄帝》中列子"乘风而归"的故事说的就是这个意思,列子师老商氏九年之后,能纵心而想,随口而言,而心不念自我的是非利害,口不系他人的是非利害,内心的存想和对外物的挂念一切全无,最后他"心凝形释,骨肉都融,不觉形之所倚,足之所履,心之所念,言之所藏",达到了那种物我皆忘的境界,完全摆脱了周围环境和己身感官的限制,因而能任随风吹而东西飘荡。与他物相处也循此理。"海上沤鸟"的故事就是最好的例证,不藏心机,沤鸟百住而不止。有心取之,沤鸟舞而不下。"顺物"就是顺乎物性,至为无为,和同于物。《黄帝》中讲远古时代的圣人完全通晓万物的性情、状态,全部懂得异类的声叫,并依其本性,顺其喜怒,结果和它们交往自如,和谐共处。

第七章 安时顺命——列子原来这样说力命

顺命安时。长寿、名望、权位、财富,人生于世,无法逃避这四者的考验,而且很多人为此奔波一生,忙忙碌碌。正如杨朱所说,有了它们,人会畏惧鬼神,怕人非议,谄媚权贵,害怕刑罚,而且这些并非人力所能完全决定的。在《力命》杨布问难中,杨朱认为寿夭、贵贱、名誉、爱憎一切皆命，人是无法把握的。面对这一人生切要的问题，文本给出了自己的回答，"信命者，亡寿夭；信理者，亡是非；信心者，亡逆顺；信性者，亡安危"。人只有相信命运，知道命运是必然的，是人力无法抗拒的，才能忘怀这些。文章举东门吴丧子为例印证，他进一步指出"不逆命，何羡寿？不矜贵，何羡名？不要势，何羡位？不贪富，何羡货"，人只有顺命才不会有这种种束缚。人既要顺命又要安时，《列子·说符》中孟氏二子的遭遇正是如此，施氏总结道："凡得时者昌，失时者亡。子道与吾同，而功与吾异，失时者也，非行之谬也"，可见人生要获得当生的快乐就要顺命安时。这就是荣启期行乎郊之野，鹿裘带索，鼓琴而歌的原因。顺命安时能够让人从容地面对寿夭、贵贱、贫富，而要求得心之平和，还得与自己周围万物相和谐。

第八章　虚虚实实——列子原来这样说真假

人与天地万物一样，也是在不停地变化，由无到有，由有到无，虚虚实实，实实虚虚，没有一时一刻的喘息之机。以梦为真，则行事一丝不苟；以真为梦，则遇事胸中坦荡。这种道理，有的人称之为荒诞，有的人称之为虚玄，有的人称之为彻悟，有的人称之为智慧。不

管人们怎么评价，它的确洞察了事物的两个方面。这两个方面事事皆有，人人皆见，确确实实存在于万物之中、人世之间，然而人们大都置若罔闻、视而不见，把自己囚禁在狭小的圈子里，整日把眼睛盯在那些稍纵即逝的人间小事中，为名利而担心，为权势而争斗，战战兢兢，如临深渊，惶惶不可终日。有鉴于此，列子为人类打开展示宇宙长河的窗子，把人们带到一种无限广阔、无限恢弘的境界，引领人们走出狭小的圈子，让人们站在宇宙之中观人世，从而坦坦荡荡处世，自然自在生活。无论怎么说，都不失为一种睿智和明见。

第一章 自然而然

——列子原来这样说大道

　　道家的大道思想主张清静无为，一切顺从自然。基于同其他思想流派一样的对生命以及世界的肯定，有所作为的思想和从忘我的癫狂而来的无为思想对他们来说是既定的。然而问题在于如何把两者联系在一起。道家思想家们的解决方法是：他们认为自然的现象比如星象的变化，季节的更替，植物的生长、开花以及结果实都是由一种发乎内在的、安静的、不以明显的作为表现出来的力量在起着作用，并且他们要求人们能够以这种至高作为的力量作为自己的榜样。道家认为自然相对于个人来说，不只关注个人的，而是，整体的福祉。它不是不仁慈，而是一种不同的、更为广泛的以及更高境界的超乎于个人的仁慈。人应该学习这种更高层次的仁慈，但必须知道人不可能比自然更具智慧、做得更好。所以选择顺从自然，才是大智慧也。

盗与非盗

【原典】

齐之国氏大富，宋之向氏大贫；自宋之齐，请其术。国氏告之曰："吾善为盗。始吾为盗也，一年而给，二年而足，三年大穰。自此以往，施及州闾。"向氏大喜。喻其为盗之言，而不喻其为盗之道，遂逾垣凿室，手目所及，亡不探也。未几时，以赃获罪，没其先居之财。向氏以国氏之谬己也，往而怨之。国氏曰："若为盗若何？"向氏言其状。国氏曰："嘻！若失为盗之道至此乎？今将告若矣。吾闻天有时，地有利。吾盗天地之时利，云雨之滂润，山泽之产育，以生吾禾，殖吾稼，筑吾垣，建吾舍。陆盗禽兽，水盗鱼鳖，亡非盗也。夫禾稼、土木、禽兽、鱼鳖，皆天之所生，岂吾之所有？然吾盗天而亡殃。夫金玉珍宝，谷帛财货，人之所聚，岂天之所与？若盗之而获罪，孰怨哉？"向氏大惑，以为国氏之重罔己也，过东郭先生问焉。东郭先生曰："若一身庸非盗乎？盗阴阳之和以成若生，载若形；况外物而非盗哉？诚然，天地万物不相离也，仞而有之，皆惑也。国氏之盗，公道也，故亡殃；若之盗，私心也，故得罪。有公私者，亦盗也；亡公私者，亦盗也。公公私私，天地之德。知天地之德者，孰为盗耶？孰为不盗耶？"

——《天瑞》

【古句新解】

　　齐国的国氏非常富有，宋国的向氏非常贫穷。向氏听说国氏很有钱，很是羡慕。于是向氏从宋国到齐国，向国氏请教致富的方法。国氏告诉他说："我善于偷盗。我开始偷盗后，第一年就不用别人施舍可以自给了；第二年家里就什么都有了，谷满仓钱满罐；第三年我就可以拿出钱捐给别人了。而从此以后，我的钱变得更多了，所能捐助的范围愈来愈大，整个州城的人我都捐助过。"向氏听了非常高兴。但他只理解了国氏关于偷盗的话，却没有明白国氏偷盗的道。心里想果然是马无夜草不肥，人无横财不富呀！当强盗果然是一条便捷的发家致富之路。于是跳墙打洞，凡是手能够到的，眼能看到的，没有一件不盗取。没过多久，便以盗窃而被问罪，并被没收了先前积蓄的财产。向氏认为国氏欺骗了自己，跑去埋怨国氏。国氏说："你是如何偷盗的？"向氏叙述了他偷盗的情况。国氏说："唉！你对盗之道的理解竟然错到这种程度！现在来告诉你吧。我听说天有天时，地有地利。我偷盗天时地利、云雨的滋润、山泽的物产，都用来滋生我的禾苗，繁育我的庄稼，筑造我的围墙，搭建我的房屋。在陆上偷盗禽兽，在水中偷盗鱼鳖，没有不偷盗的。这些禾苗、庄稼、土地、树木、禽兽、鱼鳖，都是天生出来的，哪里是我所有的呢？然而我偷盗天的东西却没有灾祸。金玉珍宝、谷帛财物，那是别人所积聚的，哪里是天给你的呢？你偷盗它们而被问罪，能怨谁呢？"向氏非常迷惑，以为国氏又在欺骗自己了，于是到东郭先生那里去请教。东郭先生说："你浑身上下的东西哪样不是偷盗来的？偷盗阴阳中和之气才成就了你的生命和你的形体，何况身外之物，哪一样不是偷盗来的呢？真的如此，天地和万物都是紧密结合的，把它们认作己有是一种迷惑。国氏的偷盗，是公道，所以没有灾祸；你的偷盗，是私心，所以被问罪。有公私之分也是偷盗，没有公私之分也是偷盗。区别公私，分别对待，是天地的德行。了解天地德行的人，谁是偷盗者呢？谁又不是偷盗者呢？"

自我品评

孰为盗？孰不为盗？你、我和所有两条腿的人都是一群大盗而已。这样有趣的比喻显然带有道家那种活泼的色彩，话很不好听，然而，我们又都很难反驳。

我们姑且不做什么道德评判，单说盗窃行为本身，平心而论，那也是一种劳动，天下没有不劳而获的农夫，同样也没有不劳而获的盗贼。就这个意义来说，人类的生存本身就是一种盗窃或抢夺，当然，其他生物也是如此，这个世界本来如此，或者说——自然。我们之所以总隐隐觉得这个说法有什么地方不太妥当，那就是"盗"字的负面的道德色彩，我们不太愿意承认自己很坏罢了。这就是一层外衣，蒙在"自然"上的外衣，把感情、道德等外衣剥光了，真正的自然也就显露出来了。

这个故事里的另一个关键是"为盗之言"和"为盗之道"的区别，因为不能分辨这个区别，向氏倒了大霉，这个故事也由此有了很大的吸引力——人，大概天生总有些幸灾乐祸的。向氏倒霉是因为他没搞清楚如何去盗，更准确地说，什么是可盗用的、如何去盗用各种东西他都一无所知，而这些本也都是林林总总的"自然"。为此，国氏随便举了几个例子：地里长出庄稼，你可以拿去，同样可盗。水里有鱼，你可以拿去，可盗;山里有金珠宝玉，你可以拿去，同样可盗。正因为所有人都在盗取天地外物以供己用，只要不过分，天地不会来责怪。但你不能把别人已经盗到家里的东西再去拿来，那是会有麻烦的。人才有占有的观念，而天地没有。这个可盗不可道有几分文字游戏的味道，实际意思并不难理解，国氏也没有把话继续说下去，如何举一反三就是向氏的事了。但向氏看来比较笨，实在有些找不着北，便去向东郭先生讨教，可是东郭先生的话说得更含蓄，文章中没有下文，估计向氏会理解明白。

那么，沿着国氏和东郭先生的启示想下去，会得到什么呢？作为现代人，我们盗了数千年，究竟盗得了什么？究竟还有什么不可盗的？这个问题我们当然不必再回到国氏说过的话上，无须去讨论什么道德、法律之类的问题。姑且承认人类的一切成就都是积年盗得的，那么，现在我们是不是很自豪，觉得只要继续这么生存下去，没有什么是盗不来的？如果这么想，那就是大毛病了。照国氏和东郭先生的意思，天地不过犹如一个宽厚的长者，你拿了他的东西去用，他不过多地计较罢了。或者换一个角度看，我们人本身就是天地万有之一，和地里的庄稼、水里的鱼没什么不同，也谈不上谁盗取谁的东西。可偏偏我们存了这样一个想头，觉得自己收获颇丰，从而沾沾自喜。真的是收获颇丰吗？未必！说起成果，大概现代人是无不满怀自豪的，你看，我们现在上天入地无所不能，古人的幻想都在变为现实，没有做不到的，只有想不到的……

古人不会飞，今人照样不会。下海，那是潜水艇，至多是人带着呼吸设备玩潜水，像鱼类一样在水中生存，还有待于科学的发展。说五花八门的幻想吧，长寿，现代人百岁高龄也是稀奇，最多把活人冰冻起来长期保存；神行，好车配好路，日行千里不成问题，单靠两条腿人仍然跑不过马；饮食，辟谷之术照样还是没什么人会的法门，粮食问题依然十分严峻；天灾，水灾、旱灾、地震、海啸、疾病哪样都没少，反倒无端多出来不少常见灾难，比如车祸。随便想吧，作为人，真正实质性的提升不多，退化倒是不少。为什么？因为我们只是盗用者，那一切炫目的成就并不真正属于我们，尽管我们为之付出了很多劳动。

吕梁之游

【原典】

　　孔子观于吕梁，悬水三十仞，流沫三十里，鼋鼍鱼鳖之所不能游也，见一丈夫游之，以为有苦而欲死者也，使弟子并流而承之。数百步而出，被发行歌，而游于棠行。孔子从而问之，曰："吕梁悬水三十仞，流沫三十里，鼋鼍鱼鳖所不能游，向吾见子道之，以为有苦而欲死者，使弟子并流将承子。子出而被发行歌，吾以子为鬼也。察子，则人也。请问蹈水有道乎？"曰："亡，吾无道。吾始乎故，长乎性，成乎命。与齐俱入，与汩偕出，从水之道而不为私焉，此吾所以道之也。"孔子曰："何谓始乎故，长乎性，成乎命也？"曰："吾生于陵而安于陵，故也；长于水而安于水，性也；不知吾所以然而然，命也。"

　　　　　　　　　　　　　　　　　　　　——《黄帝》

【古句新解】

　　春秋时期，孔子和他的弟子游历天下，来到了吕梁山。只见一道瀑布从天而降，高悬三十丈，溅起的水沫犹如白龙翻腾，顺流三十里。那种水拍云崖的气势、滚滚推进的强劲不得鱼虾出入、龟鳖遨游。突然，一个汉子站在山崖上纵身一跃，头向下脚朝上栽入湍流之中。孔子大吃一惊，以为此人必有苦衷，不然何必要寻短见。情况紧急，不容细想，急忙让弟子沿河而下，设法搭救。没想到，才行百步，那落水之人却从从容容地从水里钻了出来，行于岸上，披散着头发，一边行走一边还唱着歌，那个自在劲儿好像从来没有遇到过危险一样。孔子感到很惊奇，赶上前去仔细端详，见其与常人没有什么两样，于是赞道："你真有本事！如此湍急的流水，不要说是人，就连鱼虾龟鳖都难以遨游。你跃入其中，我还以为是要寻短见，所以让弟子们前来搭救。看到你从从容容地出来了，又以为你是鬼。仔细看来，你明明是一个人呀，怎么会有这么大的本事！你这到底学的是什么道术，能不能讲给我听听？"

那汉子听后哈哈大笑，说："没有，没有，我哪里有什么道术！不过是生在山陵之上就安于山陵的生活，活在有水之乡就安于水乡的生活，水向下流我就顺其下流，水向上涌我就顺其上涌，从来不知道自己在做什么，只是顺其自然罢了。"孔子听后，沉默了半晌，向弟子们感叹说："我们游说天下，无暇休息，缺乏的恰恰就是这点啊！"

自我品评

任何事物都有它自己的运动规律，这些规律在事物身上是自然而然地表现出来的，无所谓顺与不顺、随与不随。然而一旦人与事物发生了关系，情况就不一样了。因为人有自己的意志，他是在按照自己的意志行动。人的行动与事物的运动规律是否相吻合，是产生不同结果的直接原因。相吻合，便会产生有益于人的结果；不相吻合，则会产生有害于人的结果。所谓相吻合，不可能是让事物和事物的运动规律来迁就人的意志，因为事物是客观的，它的规律是无法改变的，所以只能是人去顺随事物、顺随事物的运动规律。事物的存在及其规律是自然而然的，顺随事物、顺随事物的运动规律，就是顺随事物的自然，不用人的意志去干扰和改变客观事物自然存在、自然流变的原本状态。

列子在这个故事中没有说如何掌握湍流的规律，但他认为，不管是什么事物，都有一个共同点，这就是按照自身的规律自然而然地运动变化。人要在天地万物的千变万化中生存，只有顺着它们的变化而自然变化，随着它们的起伏而自然起伏。自然而然是宇宙的根本属性、宇宙的大道，遵循这个属性、这个大道，就能应付各种事物的不同变化。在对待天地万物的变化时，所谓守一，即是守自然之道。

吕梁的汉子之所以能出入于湍流，其原因正在于此。按他自己的话说，那就是："生在山陵之上就安于山陵的生活，活在有水之乡就安于水乡的生活，水向下流我就顺其下流，水向上涌我就顺其上涌，从来不知道自己在做什么，只是顺其自然罢了。"顺其自然，这是人们常说的一句话，更是道家人物常说的一句话。究竟如何才是顺其自然呢？不同的人有不同的理解。

天意难测

【原典】

生非贵之所能存，身非爱之所能厚；生亦非贱之所能夭，身亦非轻之所能薄。故贵之或不生，贱之或不死；爱之或不厚，轻之或不薄。此似反也，非反也，此自生自死，自厚自薄。或贵之而生，或贱之而死；或爱之而厚，或轻之而薄。此似顺也，非顺也；此亦自生自死，自厚自薄。鬻熊语文王曰："自长非所增，自短非所损，算之所亡若何。"老聃语关尹曰："天之所恶，孰知其故？"言迎天意，揣利害，不如其已。

——《力命》

【古句新解】

生命并不因为崇尚它就能存在，身体并不因为爱惜它就能厚实。生命也不因为轻贱它就能夭折，身体也不因为藐视它就能孱弱。所以崇尚它也许不能生存，轻贱它也许不会死亡；爱惜它也许不能厚实，藐视它也许不会孱弱。这似乎是反常的，又并非反常，它们是自己生存、自己死亡、自己厚实、自己孱弱的。也许尊贵它能够生存，也许轻贱它会导致死亡；也许爱惜它能够壮实，也许轻视它会导致孱弱。这好像是正常的，其实并不正常，它们也是自己生存、自己死亡，自己壮实、自己孱弱的。鬻熊对文王说："本来就长的不是人为增加的结果，本来就短的也不是人为减损的结果，小智慧对于自然是无可奈何的。"老聃对关尹说："天所厌恶的，谁知道是什么缘故？"说的是迎合天意，揣摩利害，不如歇歇吧。

自我品评

每个人都有所谓的人之常情，人们又都知道感情用事是最容易惹麻烦的。道家在这方面独有心得，于是，道家便有着很多惊世骇俗的言论。世间事头绪纷繁，各有各的理据，要冷静地判断是非岂不是复杂到不可思议的程度？

从这个意义上说，道家不仅不是无情、绝情，反而倒是真正的有情——否则他们为什么一再用各种不同的方式去提醒人们不要被自己的感情蒙蔽了智慧的头脑呢？人的感情常常并不理性，又能给人带来巨大的冲击，使人不惜一切代价要让现实与自己的愿望吻合。这种冲击不见得使人增加了什么改变自然的能力，反倒使得人们常常对某些巧合变得过分神经质。卢梭在《爱弥尔》中这样写道：每一个做母亲的都以为一个孩子可以成为神童，因此也就相信她的孩子可以成为神童。不仅如此，她们甚至把说话俏皮、动作鲁莽和活泼天真这些司空见惯的现象也当作是特异的表征，然而这些现象正是他那样年纪的特点，最能说明孩子毕竟是孩子。你既然使一个孩子说了许多的话，允许他什么都说，一不讲礼节，二不讲规矩，那么，碰巧说几句中肯的活，又有什么奇怪呢？要是他一句中肯的话也不曾说，那才奇怪，甚至比星象家胡说一阵一句预言也没有说准还奇怪呢。

看来，这可算是不分地域、不分古今的人的通病了。感情的力量太大，我们总是毫无道理地去相信两个无关因子之间存在着必然联系。人们最看重的莫过于生死，最爱的往往又是自己，所以总想着能找到各种办法让自己活得更久。道家说：拉倒吧，你千小心万小心，一不小心该死就死了。有些大大咧咧什么也不注意的人，没准倒活得挺久。

只是在这个问题上有个很有趣的现象，道家的话是这么说，后来的徒子徒孙演绎出了道教，其中专有一门便是以长生成仙为目的的，当然，这又是另外一个话题了。

生死不过是一个被借用的话头，因为关心的人多，说起来效果比较好。但说到的这个道理却不仅仅适用于生死，其他的方方面面都是如此。望子成龙往往害了孩子，求胜心切往往做了败将，拔苗助长，欲速则不达，这样的例子可是举不胜举。人都不傻，这样的事经得多了、见得多了也总能有些经验；但人总还是比较贼，不管什么事经得多了，总会想办法去琢磨些能钻空子的道道出来——试问，这"道道"是不是"道"？也是，也不是。说是，因为这两个词用法差不多，表义基本相当，只是一个比较口语化，一个比较书面化。说不是，是因为"道道"更接近于法门或道术的意思，它通常是具体化的方法、套路，可以简捷地为人所掌握，但"道"不是。道家所推崇的那个"道"不仅不能以教科书的形式使人学会，即便靠修行或悟性去全面把握都不可能。在道家著作中，所谓"有道"一般是这样几个比较相似的意思：一、有道行，比如称列御寇为有道者，如果在生活中通俗地说，大抵就是这人比较明白事理，很有智慧的意思；二、有道义或道德，一般用来说领导者，就像我们今天还常说的有道明君；三、有办法或诀窍，就是刚才说的"有道道"，比如上文一则寓言中说孔子看到一个人游泳的水平出神入化，就问他"有道乎"，这种"有道"显然又和前面两种微有不同。然而，道家泛称的那个道，我们有时也称作"大道"，那是世间万有无所不包的，任何人不可能搞清每一个细节。自然是人力所不可能及的自然。

由此可见，人要想把什么都琢磨出点道理来，以此来当作对大道的体悟，最终怕是难以如愿的。天意从来高难问，便是这样的感慨。号称神奇的诸葛亮辛辛苦苦把老对手司马懿关在山谷之中，一把大火烧起，司马懿命在须臾，却恰在此时，一场大雨救了司马懿的性命，而诸葛亮只能眼睁睁看着火势渐微，长叹一声：谋事在人，成事在天！

这虽是小说中杜撰的细节，却终究是扣人心弦。因为现实就是如此。不到一切已然如此，你终不会知道结果究竟是什么；一旦已然如此，你再不满意也只能说天意难违。道家总在说自然，本来如此的自然，那么冷峻、那么无情——无情的哪里是活泼的道家先哲，分明自然与人情是毫无关系的。

杞人忧天

【原典】

　　杞国有人忧天地崩坠，身亡所寄，废寝食者。又有忧彼之所忧者，因往晓之，曰："天，积气耳，亡处亡气。若屈伸呼吸，终日在天中行止，奈何忧崩坠乎？"其人曰："天果积气，日月星宿，不当坠耶？"晓之者曰："日月星宿，亦积气中之有光耀者，只使坠，亦不能有所中伤。"其人曰："奈地坏何？"晓者曰："地积块耳，充塞四虚，亡处亡块。若躇步跐蹈，终日在地上行止，奈何忧其坏？"其人舍然大喜，晓之者亦舍然大喜。长庐子闻而笑之曰："虹霓也，云雾也，风雨也，四时也，此积气之成乎天者也。山岳也，河海也，金石也，火木也，此积形之成乎地者也。知积气也，知积块也，奚谓不坏？夫天地，空中之一细物，有中之最巨者。难终难穷，此固然矣；难测难识，此固然矣。忧其坏者，诚为大远；言其不坏者，亦为未是。天地不得不坏，则会归于坏。遇其坏时，奚为不忧哉？"子列子闻而笑曰："言天地坏者亦谬，言天地不坏者亦谬。坏与不坏，吾所不能知也。虽然，彼一也，此一也，故生不知死，死不知生；来不知去，去不知来。坏与不坏，吾何容心哉？"

　　　　　　　　　　　　　　　　　　——《天瑞》

【古句新翻】

杞国有个人担忧天会塌下来，地会陷下去，那自己的身体将无处寄托，因此而睡不着，吃不下。又有一个对他这种担忧十分忧虑的人，于是前去向他解释，说："天是积聚的气，无处无气。就像你弯腰挺胸、呼气吸气，整天在天地间生活，为什么要担忧它崩塌下来呢？"那人说："天果真是积聚的气，那日月星辰不是会掉下来吗？"向他解释的人说："日月星辰，也是积聚的气中有光芒的，即使掉下来，也不会伤害什么。"那人说："地陷下去怎么办呢？"解释的人说："地是积聚的土块，充满了四方空间，无处没有土块。就像你行走踩路，整天在地上活动，为什么要担忧它陷下去呢？"那人高兴地放心了，那个给他解释的人也高兴地放心了。长庐子听说后笑着说："虹霓呀，云雾呀，风雨呀，四季呀，这些是天上积聚的气形成的。山岳呀，河海呀，金石呀，火木呀，这些是有形之物在地上积聚形成的。知道它们是积聚的气，知道它们是积聚的土块，为什么说它不会毁坏呢？天地是宇宙中的一个小物体，却是有形之物中最巨大的东西。难以终结，难以穷尽，这是固然的；难以观测，难以认识，这也是固然的。担忧它会崩陷，确实太离谱；说它不会崩陷，也不正确。天地不可能不坏，最终必将会毁坏。遇到它毁坏时，怎么能不担忧呢？"列子听到后笑着说："说天地会毁坏的是荒谬，说天地不会毁坏也是荒谬。毁坏与不毁坏，是我们不可能知道的事情。即然这样，毁坏是一种可能，不毁坏也是一种可能，所以出生不知道死亡，死亡不知道出生；来的不知道去的，去的不知道来的。毁坏与不毁坏，我为什么要放在心上呢？"

自我品评

上面这个故事是我们大家都很熟悉的，尽管大多数人并不知道所谓的杞国在哪里，但我们只关心"忧天"。我们了解并经常使用这个成语，一般取其一个特定的内涵，即不必要的担忧。然而当我们能够真正看到这个典故的原文，却不得不说杞人的担忧并非空穴来风。

众所周知，古人对我们现代的先进科技是毫无所知的。那么，天是悬空的，天上的日月星辰也是悬空的，它们为什么不掉下来呢？要知道没有被固定在高处的东西无一例外是会掉下来砸到人的。有聪明人就要说啦，所谓的日月星辰不过是看到的积气，有形状却没有质地，正如我们熟悉的火焰，只有被火焰烧死的，从没有被火焰砸死的。所以，天上的星星大可视作一团发光的火焰，既然遥不可及，那就绝不可能烧到你；既然它只如一团火焰，有形而无质，那么即便从天而降也不可能砸死你。这样的解释亲切、直观，居然消除了那不必要的担忧，可能已经有人在偷偷发笑了。

我们把已知的科学常识利用起来。跟古人相比，我们的知识体系可说是武装到牙齿上了，我们完全有理由轻蔑地看待这一段对话，因为他们说的看似有道理，却似是而非。对天的担忧并非没有道理，天上的星体也并非是什么空虚无质的积气，如果身临其境，那些星体的表面一如我们脚下的大地实实在在，如果让它从天而降，砸死人是没问题的。况且，真有星体砸下来，那可不是从山上扔块石头下来砸人那么简单了，来自大气层外的东西会裹挟着巨大的能量。在古代战争中利用地形抛下石块可以阻击、杀伤敌人，但同样的石头如果来自外太空，那可能就是重磅炸弹甚至原子弹的杀伤力了。

因此，可以说杞人的担忧有点多余，但说是多余的理由却并不如那个聪明人的表述，这两个人只能说瞎猫碰到死耗子，一个瞎担心，一个瞎安慰，却正好管用了。关于大地的问题同样如此。既然我们看到那可笑的解释管用了，不免产生一种联想：如果是正经给他用科学道理解释一番，没准反而越解释越糟。倒是这个长庐子有点意思，他不知道什么核武器、小行星或者宇宙爆炸、地球寿命之类的道道，仅凭着事理的推想。居然就能得出一个很现代派的结论：天地不得不坏。实属难能可贵。不过，不要忘了在这个段落中最后出场总结的是列子，而他的总结发言竟然是：我不知道。这样一个奇怪的场景难道不值得深思吗？在另一个众所周知的故事中，螳螂耐心地从背后悄悄接近蝉，黄雀窥伺着一无所知的螳螂，而黄雀的背后正有等着它的弹丸——一个比一个高明，一个比一个视野宽广。之所以要提及这个螳螂捕蝉的故事，就是想问一声自负的现代人，你们嘲笑杞人的愚蠢，自以为高高在上地俯视他和那位"忧彼之所忧者"的对话，难道不觉得自己正扮演着一只黄雀吗？是的，视野之宽比上不足比下有余的黄雀。

人远远还没有得到最终的解脱，面对大自然，再聪明的人，其程度充其量也只是黄雀的级别，黄雀之后还有手握弹弓的孩子，孩子背后还有看到这幅场景的闲客，闲客背后还有从中抽绎出深刻道理的寓言家……面对天地宇宙大自然，人类那点可怜的科学知识有什么值得骄傲的？不要先罗列自己知道了多少，先看看自己有多少不知道的吧。况且，还有许多是自以为是了如指掌的误解、曲解。

听完杞人忧天这个故事，列子笑着说："说天地会坏掉是荒谬，说天地不会坏掉同样是荒谬。"关于坏与不坏，这个可能性不是我辈所能知晓、能明白的。为什么这么说呢？虽然，表象是有一个存在即天地，有一败坏地球消失，可是就同生与死一样，你如果站在生的层面，你是不可能真正理解死亡到底是怎么回事，而死亡消失了，更加不可能知道是否有什么生。来的不知去往何方，去的不知道来的从何而来，坏和不坏，我怎么可以把这些不知道的事情放在自己心里呢？列子先生是个中高手，见解非同一般。同样是在化解前段修道者的误区。

列子惊心

【原典】

子列子之齐，中道而反，遇伯昏瞀人。伯昏瞀人曰："奚方而反？"曰："吾惊焉。""恶乎惊？""吾食于十浆，而五浆先馈。"伯昏瞀人曰："若是，则汝何为惊已？"曰："夫内诚不解，形谍成光，以外镇人心，使人轻乎贵老，而齑其所患。夫浆人特为食羹之货，多余之赢；其为利也薄，其为权也轻，而犹若是。而况万乘之主，身劳于国，而智尽于事；彼将任我以事，而效我以功，吾是以惊。"伯昏瞀人曰："善哉观乎！汝处己，人将保汝矣。"无几何而往，则户外之屦满矣。伯昏瞀人北面而立，敦杖蹙之乎颐，立有间，不言而出。宾者以告列子，列子提屦徒跣而走，暨乎门，问曰："先生既来，曾不废药乎？"曰："已矣。吾固告汝曰：人将保汝，果保汝矣。非汝能使人保汝，而汝不能使人无汝保也，而焉用之感也？感豫出异。且必有感也，摇而本身，又无谓也。与汝游者，莫汝告也。彼所小言，尽人毒也。莫觉莫悟，何相孰也。"

——《黄帝》

【古句新解】

列子要去齐国，走到半道上又返了回来。路上遇到了老朋友伯昏瞀人。伯昏瞀人问道："听说你去齐国了，怎么这么快就回来了？"列子回答说："我没有走到，是中途返回来的。"伯昏瞀人问他为什么。列子说："我在路上进过十家茶馆，其中有五家先给我上茶，把那些先入座的老者们放在我的后面。我感到心中很怕，所以就回来了。"伯昏瞀人问："这有什么可怕的呢？这点小事何以让你却而止步，改变了去齐国的打算？"

列子说："先生有所不知。我的内心老是有一股子傲气，总也不得消散，所以表现于外便显得不可一世，盛气凌人。正因为如此，所以茶馆的那些伙计们才先给我上茶的。你想想，这小小的茶馆，每天只有一点小小的盈利，并不想在客人身上得到多大的好处，尽管如此，他们见到我这种气宇轩昂的人还这样刻意地逢迎，要是我到了齐国，见了齐君，他要委我以重任，期望我给他建大功立大业，又该如何对待我呢？我如何才能不辜负这种特殊的待遇呢？只有鞠躬尽瘁死而后已了。想到这些，我怎么能不心惊呢？"

伯昏瞀人听后，长长叹了一声说："好啊，你想得很长远，对自己要求得也很严格，我想一定会有很多人追随你的，等着瞧吧！"没过多久，伯昏瞀人前去探望列子。进得院来，见他家门口堆满了客人的鞋子。他站住了，面朝北用拐杖顶着自己的下巴寻思了良久，觉得里面客人太多，还是不去打扰为好，于是转身出来。有客人告诉了列子，列子提着自己的鞋子，没来得及穿，追出门来，把伯昏瞀人唤住说："先生来了，为什么不进去指教一番就这样匆匆离去？"伯昏瞀人说："我没说错吧！说有人会追随你就是有人追随你。不过你要记住，虽然不是你有意让人追随而是人们自然地追随你的，但是你却不能使人们自然地不追随你。之所以有如此大的感召力，那是由于你的内心处在不同寻常的境界中，脱离了自然而然的状态。而一旦使他人有了感受，那么你自己的本性也就要受到损伤，这可真是不值得。这个道理，那些追随你的人是不会告诉你的。他们说的那些娓娓动听的话，都是害人的，可是你还不觉不悟，还和他们那么亲热。"

自我品评

故事中的列子在去齐国求取功名的途中处处受到特殊待遇，为什么？因为他的身上有一种傲气。这种傲气是一种标志，说明他与一般人不同：或者有一定的社会地位，或者比别人霸道。这两种可能对茶馆都构成一定的压力：接待得好，可能得到好处，起码可以免除不必要的麻烦；接待得不好，可能引来祸害。所以，茶馆伙计的热情招待不是为了别的，而是出于自身利害关系的考虑。

列子由此联想到自己到了齐国之后的前景：他的傲气可能引起齐王的重视，然而这种重视也是为了得到回报，乃至使他耗精损体，付出生命。由此可见脱离自然、自负骄傲的危害。

列子觉察到了自己的毛病，但由一种偏差转向了另一种偏差，由自负骄傲、盛气凌人转向了谨小慎微、唯唯诺诺。转变前与转变后虽然是截然不同的两种品格，但有一点是相同的，这就是它们都与人的自然本性相违背，都会给人带来危害。正因为如此，所以列子的好友伯昏瞀人给了他警告，说"好啊，你想得很长远，对自己要求得也很严格，我想一定会有很多人追随你的，等着瞧吧！"之所以有很多人追随，那是因为列子待人谦逊；伯昏瞀人之所以为此而叹息，是因为人们的追随并非乐事，它使人忙于应酬，终日营营，劳精耗神，不得安宁。这便是违背自然给人造成的危害。

不过当时的列子对此并没有理解，仍然依照他消除自负、保持谦逊的路子走了下去，结果终于出现了伯昏瞀人预言的情况。这就是伯昏瞀人在列子家中看到的景象。这种景象是列子身体和生命遭受损害的预兆，故事通过伯昏瞀人的话点明了事情发展的前景。由此说明脱离自然、唯诺自谦的危害。故事通过自负和自谦两个方面的描述表明了一个道理，这就是顺应自然、随众人流是正道，主观造作、超凡脱俗是险途。

剑不杀人

【原典】

魏黑卵以眤嫌杀丘邴章,丘邴章之子来丹谋报父之仇。丹气甚猛,形甚露,计粒而食,顺风而趋。虽怒,不能称兵以报之。耻假力于人,誓手剑以屠黑卵。黑卵悍志绝众,力抗百夫,节骨皮肉,非人类也。延颈承刀,披胸受矢,锷摧屈,而体无痕桡。负其材力,视来丹犹雏也。来丹之友申他曰:"子怨黑卵至矣,黑卵之易子过矣,将奚谋焉?"来丹垂涕曰:"愿子为我谋。"申他曰:"吾闻卫孔周其祖得殷帝之宝剑,一童子服之,却三军之众,奚不请焉?"来丹遂适卫,见孔周,执仆御之礼,请先纳妻子,后言所欲。孔周曰:"吾有三剑,唯子所择,皆不能杀人。且先言其状。一曰含光,视之不可见,运之不知有。其所触也,泯然无际,经物而物不觉。二曰承影,将旦昧爽之交,日夕昏明之际,北面而察之,淡淡焉若有物存,莫识其状。其所触也,窃窃然有声,经物而物不疾也。三曰宵练,方昼则见影而不见光,方夜见光而不见形。其触物也,骍然而过,随过随合,觉疾而不血刃焉。此三宝者,传之十二世矣,而无施于事,匣而藏之,未尝启封。"来丹曰:"虽然,吾必请其下者。"孔周乃归其妻子,与斋七日,晏阴之间,跪而授其下剑,来丹再拜受之以归。来丹遂执剑从黑卵,时黑卵之醉偃于牖下,自颈至腰三斩之,黑卵不觉。来丹以黑卵之死,趣而退，遇黑卵之子于门，击之三下，如投虚。黑卵之子方笑曰：
"汝何而三招予？"来丹知剑之不能杀人也，叹而归。黑卵既醒，怒其
妻曰："醉而露我，使我嗌疾而腰急。"其子曰："畴昔来丹之来，遇
我于门，三招我，亦使我体疾而支强。彼其厌我哉？"

——《汤问》

【古句新解】

　　魏国有一个叫黑卵的人，因为私仇杀了他的同僚丘邴章。丘邴章
有一个儿子叫来丹，一心一意要报杀父之仇，可是他却没有这个能力，
因为他吃饭以米粒的多少来计量，走路靠风的力量来推行，身体很虚
弱，连举刀的劲儿也没有，更不要说是杀人了。但他并没有因此丧失
信心，还想亲手杀死自己的仇人，因为他觉得借用别人的力量不光彩。
再说黑卵，又黑又壮，力大无比。一举手可以推倒一百个壮汉，一口
气可以吹倒一百座楼房。伸出他的脖颈，任你用刀剑砍杀，丝毫不见
伤痕，刀刃却已卷折；露出他的胸膛，任你用万箭刺射，丝毫不见斑
痕，箭镞却已折断。他凭借这身钢筋铁骨，天不怕地不怕，在他眼里，
来丹不过是只初破蛋壳的鸡雏。来丹有个好朋友，名叫申他。

　　一天申他专程来看来丹，问候之后申他说："可以看出，你对黑
卵痛恨至极。可是黑卵如此厉害，不把你放在眼里，你究竟怎么办
呢？"说至要害处，来丹泪流满面，无可奈何地说："我实在没有办法
了，还是请兄长给出出主意吧！"申他闻言，在来丹的耳边悄悄说：
"我这次来正是为的此事。近日闻得卫国有一个叫做孔周的先生，为人
忠厚，善行义事。他的祖上从商汤王那里得到了三把宝剑，即使是一
个小孩佩带上它，也足以打败三军的进攻。你不妨去求求孔周，看能
否借他的宝剑用一用。不要说三把全都借来，只要借来一把，也管保
可以杀掉黑卵为你父亲报仇了。"来丹听后大喜，整理行装，带着妻小
到卫国去求孔周。见到孔周，来丹不敢提借剑之事，先把自己的妻小

献上，表明自己情愿做主人的仆役。见孔周没有拒绝之意，才说明来意。说到伤心处，情不自禁，大哭一场。孔周听后十分同情，愿意借给宝剑并由来丹任选一把。说："我家藏有三把宝剑，至今已经十二代没有打开过，因为它们没有什么用处，更不能用来杀人。第一把名为含光，用眼看不见它，用手摸不着它，挥舞着它好像什么东西也没有，用来斩削东西好像没有斩削一样，被斩削的东西不会出现任何缝隙，也不会有任何感觉。第二把名为承影，在晨曦之中和黄昏之际，向北方细细察看，淡淡的，似乎有一件东西存在，看不出它是什么形状。用它来斩削，似乎有一点点细细的声音，不过被斩削的东西是不会出现任何毛病的。第三把名为宵练，白天只能看见它的影而看不见它的光，晚上只能看见它的光而看不见它的形。用它来斩削，嗖地一下便过去了，随后剑痕马上弥合起来，被斩削的东西会感到不适，但绝对不会出血。先生你看要借哪一把？"来丹想了片刻说："我还是借那最次的一把吧！"孔周把来丹的妻小还给了他，带他到一间非常清洁的房间，点起香火，一同斋戒七日，之后把宝剑交给了他。来丹跪拜而受，再拜而谢。

来丹携妻带子回到了自己的国家，设法做了黑卵的随从，佩剑跟随黑卵出出入入。一天黑卵酒醉后在窗下睡着了，来丹抓住时机，抽出宝剑，从脖颈到腰间连斩三剑，黑卵没有什么反应。来丹以为黑卵已经死了，赶忙退了出来。在门口遇到了黑卵的儿子，慌忙之中，来丹挥起宝剑向对方连刺三下，好像在虚空之中比比划划。黑卵的儿子非但没有倒下，反而还在那里发笑，说："你在我面前手舞足蹈干什么？"来丹知道此剑不能杀人，大仇难报，叹息一声，回家去了。过了一会儿，黑卵醒了，感到浑身不舒服，埋怨他的妻子说："我醉了，睡在这里，你也不给我盖些东西，把我凉着了，我的嗓子和腰好痛呦！"妻子感到奇怪，觉得大热天的，不会凉着人的。这时候，黑卵的儿子也感到身上疼痛，突然醒悟，说："我刚才见来丹匆匆忙忙地往外走，走到我面前比划了三下，当时我没觉得有什么不对，还以为他在逗我玩。现在我也感到全身疼痛，莫不是来丹在害我们？"没过多久，黑卵和他的儿子便相继死了。

自我品评

故事中的黑卵无比强壮：伸出他的脖颈，任你用刀剑砍杀，丝毫不见伤痕，可是却能把刀刃卷折；露出他的胸膛，任你用万箭刺射，丝毫不见斑痕，可是却能把箭镞折断。他凭借自己的一身钢筋铁骨，天不怕地不怕，把来丹视为一只初破蛋壳的鸡雏，从不放在眼里。来丹拿他确实没有办法。由此可见，他是一种人为的力量难以摧毁的东西。不但人为的力量难以摧毁，而且谁要是企图用人为的力量摧毁他，将会受到惩罚。

奇怪的是，一个坚刚不折的躯体竟然被一把无形的、不能杀人的剑摧毁了。为什么？人为的力量难以摧毁的东西并不等于其自身不可摧毁。摧毁他的最有效力量不是别的，恰恰是他自身自然而然的变化。天地之间的事物都在不停地流变，由无到有，由小到大，由弱到强，由强到衰，由衰到死，由有到无。任何事物，无论它多么强大，都会沿着这样的自然变化运行的，都会走这样的一条自然之路。自然的变化是无情的，不分男女与尊卑，亲疏和远近。自然的力量是无穷的，无坚不摧，无攻不破。黑卵虽然壮如泰山、坚如钢铁，也不例外。

不过自然的变化却是无形的。有谁能看见自己是从哪一天开始变老的呢？有谁能听到自己的归期什么时候来到呢？谁也看不见，谁也听不到，它是一种无形的力量。正因为它是无形的，所以才有无比的力量。在"剑不杀人"的故事中，这种自然就是那把无形的剑。孔周的那把无形之剑之所以能把坚如钢铁的黑卵杀死，就是因为它象征着自然，代表着无形的自然力量。

孔周的三把宝剑，都是无形的，其中最次的一把，也只能看见影和光。用它来斩削，斩削后的剑痕马上就弥合起来。另外的两把就更不用说了。故事之所以要如此描绘，意在表示它们是一种自然的力量，而不是指实实在在的真剑，故而孔周特意说明它们是不能杀人的。

自然之剑不能杀人，然而恶者却难逃其恶果，正如老子所言：天网恢恢，疏而不漏。黑卵行了恶事，虽然来丹不能用人为的方法报仇，但他却逃脱不了自然的惩罚。故事以其被自然之剑杀死，象征自然法则的公道。

养养之义

【原典】

郑之圃泽多贤，东里多才。圃泽之役有伯丰子者，行过东里，遇邓析。邓析顾其徒而笑曰："为若舞彼来者奚若？"其徒曰："所愿知也。"邓析谓伯丰子曰："汝知养养之义乎？受人养而不能自养者，犬豕之类也；养物而物为我用者，人之力也。使汝之徒食而饱，衣而息，执政之功也。长幼群聚而为牢藉庖厨之物，奚异犬豕之类乎？"伯丰子不应。伯丰子之从者越次而进曰："大夫不闻齐鲁之多机乎？有善治土木者，有善治金革者，有善治声乐者，有善治书数者，有善治军旅者，有善治宗庙者，群才备也。而无相位者，无能相使者。而位之者无知，使之者无能，而知之与能为之使焉。执政者，乃吾之所使，子奚矜焉？"邓析无以应。目其徒而退。

——《仲尼》

【古句新解】

郑国的圃泽有很多隐逸的有德者，东里有很多颇具政治才能的人物。圃泽有个叫伯丰子的隐者，路过东里，碰到了邓析。邓析回头对自己的弟子笑了笑说："我为你们戏弄一下那个过来的人怎么样？"邓析的弟子们说："这是我们希望能看到的。"邓析对伯丰子说："你知道养育与被养育的区别吗？被别人养活而不能自己养活自己的，是狗与猪一类的动物；养育万物而使万物为自己所用的，是人的能力。让你们这些人平白吃饱，穿上衣服并能休息的，都是掌握政权者的功劳。那些男女老少群居聚集在一起，犹如牛栏猪圈里那些要送入厨房的畜牲，这与狗或猪之类有什么区别？"伯丰子不搭理他。伯丰子的随从从后面上前来插话说："大夫没有听说过齐国和鲁国有许多有技艺的人吗？有的擅长于盖房子，有的擅长于制作金属或皮革制品，有的擅长于演奏乐器，有的擅长于读书计数，有的擅长于带兵打仗，有的擅长于掌管宗庙祭祀，各种各样的人才都具备了。然而没有宰相，没有能管理和使用他们的人。管理他们的人不需要专门的知识，驱使他们的人不需要专门的技能，而掌握着专门知识和技能的是被管理和被驱使的。掌握政权者就是我们驱使的，你有什么理由如此傲慢呢？"邓析没有办法回应，看了看他的弟子就离开了。

自我品评

事实上，道家并非对政治这一人类重要的活动视而不见、有意回避，如同谈论天地、生死、智慧之类的话题一样，道家也把政治作为一个话题。只是按照道家特有的风格，他们不把一般人十分看重的政治当作什么神圣的东西，而是经常把它当作调侃的对象。庄子就曾经说，生活中一个小偷儿去偷人家一个衣带钩是要受到惩罚的，可是那些上层的政治人物偷得国家政权却变成了堂堂诸侯。之所以有这样的反差，就在于小偷儿的行径是处于法律的监控之下，而法律又是政治的一个组件，无论政治体系多么复杂精密，它总是人造的而非自然产物。因此，本质上说，凡是将东西易主都可以算得上偷，都应该受到法律的制裁，但不要忘了，法律也是人造的，唯独管不了它自己的主人。

法律的主人，当然就是制定和执行法律的所谓诸侯。对偷儿来说，谁是国君并不重要，因为无论谁当国君都要惩罚偷儿；对国君来说，谁是国君很重要，因为如果别人做了国君那自己不是去世了便是失败了。所以，历来取而代之的篡位者窃取的就是权力，至于能够保障权力有效实施的制度，那都是现成的，就像对偷儿的惩罚条款一般总是不会大变的。从这个意义上说，篡位者尽管是大盗巨偷，但唯其买卖做得够大，大到连惩罚偷盗的法律执行权和执行方式一并收归已有，那当然是不用担心受到制裁的。这就是著名的"窃国者诸侯，窃钩者诛"。

庄子提出这样的观点，当然充满了讽刺，虽说很有道理，但多少有点情绪因素在起作用。在道家的高人中，平静理智地谈论政治也是很寻常的，老子就有不少论政之语，比如"民之难治，以其上之有为，是以难治；民之轻死，以其上求生之厚，是以轻死"、"和大怨，必有余怨，安可以为善？是以圣人执左契而不责于人"、"以智治国，国之贼；不以智治国，国之福"等等，姑不论我们能否接受、是否赞同，至少可以看出这些都是有思想深度的治国建言。

道家喜欢寓言，《列子》这一则也是以寓言的手法戏说政治的，看上去是两拨人在斗嘴，但其中却蕴含了对政治的理解。政治究竟是什么，这不是能够一言以蔽之的，但可以肯定政治是人造品。双方争论的问题实际上是执贵执贱。邓析以支配权为贵，别人听从你，别人为你服务，那你就是贵的。这样的人，当然就是执政者。这个观念很有点世俗化，至今很多人还是认同的，古人称州的地方长官为"州牧"大概也是这个用意。伯丰子一方并没有正面与此观念交火，这也是辩论术中的一个技巧，通过一个实例他们绕到了邓析的背后，反过来把邓析套了进去。我们撇开辩论术不谈，这话中就有两个要点：一是实例中所指齐鲁之国丰富的专门人才和缺稀的"相"究竟是什么关系，二是"执政者，乃吾之所使"究竟作何理解。

先说第一个问题。用今天的话说，这涉及管理学的一些原理，专门的人才和自然资源一样，如果调配、使用不合理，不仅不能充分发挥其作用，有时甚至会造成不小的麻烦。这个问题在今人并不难理解，但并非所有人都能有深度感受，因为远非所有人都对管理工作有亲身的接触。然而由此却不难想见管理工作的重要性，因此社会要求人们对管理者必须服从，而管理者事实上也总是面临着复杂艰苦的工作。通常人们不了解这种工作的全部内涵，所以片面地艳羡为官者的威仪与财富便成了世情常态。在道家眼里，管理确实和放牧牛羊是同一个道理，但他们所取的并不是人比畜牲高贵这样一个意义，而是说牛羊也是自然之物，它们有其自身的特性，能不能依据这些特性使之更快更好地成长是做一个好牧人的关键。管理百姓，就要把百姓也视作自然之物，总是和他们的天性相龃龉，那就不是好官了——当然，好牧人也不是万事由着牛羊、百依百顺的意思。只有合理地把握百姓的天性，使之顺利成长，才是无为而无不为，这才是道。

另一个问题，说执政者是"吾之所使"，是受我支使的——这个我是谁？当然，在文中是指伯丰子一班人，问题是这班人以什么身份自居呢？一种可能，以贤者自居，道家说的贤者自然是指"有道者"。齐鲁之国有的是好木匠，有的是好铁匠，有的是好军人，不过是精通一门技艺。你们这样的执政者也不过是精通律法制度，所以忝居其位，充其量只是个特种工匠罢了。但是很不幸，执政者真正需要的技艺是"道"，你们不懂，终究要向我们这些贤者讨教，这不是受我支使吗？另一种可能，以平民自居。民是自然万物之一，他们也按照大道繁衍生息，像要求有人耕地、有人打铁一样，他们要求有人出来把他们管理起来，以期能够更好地生活。这样看来，执政者不过都是被民众支使的奴仆罢了。从文义来看，第二种理解或许有些偏离，而且，道家的性格也不是动辄要说"民贵君轻"的。但无论从哪个理解看，道家对人群中的官与民、对政治的本质都有着其独立的理解，他们断不都是看到政治就避之唯恐不及的。而把政治也纳入"自然"的范畴，将其平等地视为万物之一，这也正是道家思想的一种体现吧！

第二章 内外相应
——列子原来这样说巧术

列子认为世界上没有巧术，能不能成功要看是否合乎自然的法则。"去智"，就是摒弃人的智巧作为，顺应自然，不违万物之性，以求通乎万物。列子认为万物生生死死，是必然之命，人的智巧无能为力。鬻熊对文王说：事物自身的发展不是外力所能增加或是减损的，人的智谋又有什么办法呢？既然智巧无用，那么人到底怎样做呢？文章说"圣人恃道化而不恃智巧"，具体做法是"在己无居，形物其著。其动若水，其静若镜，其应若响。故其道若物者也"，"亦不用心，亦不用力"。但值得注意的是列子并非绝对摒弃名和智，《列子·天瑞》中"盗亦有道"的故事，指出人可以认识天地之道、顺乎此道，取得己身所需；在《列子·杨朱》篇末，列子认为：现在人有名就尊荣，无名则卑辱；尊荣就会逸乐，而卑辱就会忧苦；忧苦，违反人性，逸乐，顺乎人性，这样看来，实与名息息相关，名不可摒弃。总之，非与不非，去与不去，关键在于遂顺人性，以获得当生的快乐。

伯牙鼓琴

【原典】

伯牙善鼓琴，钟子期善听。伯牙鼓琴，志在登高山。钟子期曰："善哉！峨峨兮若泰山！"志在流水，钟子期曰："善哉！洋洋兮若江河！"伯牙所念，钟子期必得之。伯牙游于泰山之阴，卒逢暴雨，止于岩下；心悲，因援琴而鼓之。初为霖雨之操，更造崩山之音。曲每奏，钟子期辄穷其趣。伯牙乃舍琴而叹曰："善哉，善哉！子之听夫志想象犹吾心也。吾于何逃声哉？"

——《汤问》

【古句新解】

春秋时期有一个善于弹琴的乐师，名叫伯牙。他的朋友钟子期善于听音辨情，凡是伯牙弹出的乐曲，钟子期都能辨别出其中蕴含的意境来。伯牙弹琴，其意在于高山，钟子期在一旁说："哎呀，真是巍峨啊！高如泰山。"伯牙弹琴，其意在于流水，钟子期在一旁说："哎呀，凄凄涟涟！流如江河。"一次，伯牙与钟子期游览泰山，来到背阴之处，正好碰上了暴雨，扫兴得很。伯牙躲在一块岩石下面，心中悲切，抚琴而奏。先是哀怨大雨不断，钟子期随而歌之：苍天落泪涟绵绵，阻我双目观众仙；愁云无心展笑颜，锁住心中一片山。随后意欲山崩天裂，钟子期随而歌之：青山无心人有情，盘旋岂为听雨声；奏得石破天惊时，还我一片绿葱葱。曲终歌罢，二人仰天大笑。之后，伯牙把琴往旁边一推，赞叹道："真妙！真妙！先生真是唱到我的心里了。看来我弹的曲子是逃不过先生的耳朵了，我的琴声之意全在先生的心中了。"

自我品评

这就是历史上传为佳话的"知音"。人生苦短，知音难求；云烟万里，佳话千载。纯真友谊的基础是理解。中华文化在这方面最形象最深刻的阐释，莫过于俞伯牙与钟子期的故事了。"伯牙绝弦"是交结朋友的千古楷模，它流传至今并给人历久弥新的启迪。据说，在子期墓前，伯牙曾经写下了一首短歌，来悼念自己的知音钟子期：

忆昔去年春，江边曾会君。今日重来访，不见知音人。但见一抔土，惨然伤我心！伤心伤心复伤心，不忍泪珠纷。来欢去何苦，江畔起愁云。此曲终兮不复弹，三尺瑶琴为君死！

正是这个故事，确立了中华民族高尚的人际关系与友情的标准，说它是东方文化的瑰宝也当之无愧。

《高山流水》以及伯牙钟子期这一段千古佳话，之所以能在两千多年里广为流传，盖因其包含了深厚的中华文化底蕴。中国古代"天人合一"、"物我两忘"的文化精神在这段佳话中得到充分的体现。明代朱权成的《神奇秘谱》对此做了精当的诠释："《高山》、《流水》二曲，本只一曲。初志在乎高山，言仁者乐山之意。后志在乎流水，言智者乐水之意。"仁者乐山，智者乐水，《高山流水》蕴涵天地之浩远、山水之灵韵，诚可谓中国古乐主题表现的最高境界。然而，伯牙的《高山流水》琴曲并没有流传于世，后人无从领略伯牙所弹之曲的绝妙之处。所以，后人虽不断传诵《高山流水》的故事，完全是"心向往之"，对音乐并无切身体会。

因而这段佳话得以流传的最直接的原因是伯牙与钟子期之间那种

相知相交的知音之情。当知音已杳，伯牙毅然断弦绝音。岳飞在《小重山》一词中写道："知音少，弦断有谁听。"正是伯牙当时心境的准确反映。伯牙的绝音明志，一者作为对亡友的纪念，再者为自己的绝学在当世再也无人能洞悉领会而表现出深深的苦闷和无奈。想那伯牙也必是恃才傲物、卓尔不群之人，他的琴曲曲高和寡，凡夫俗子自然难以领会其乐曲的精妙。所以伯牙才会感到孤独，才会发出知音难觅的感慨。

《高山流水》之所以能成为春秋战国的诸子典籍，是与当时"士文化"的背景分不开的。先秦时代百家争鸣，人才鼎盛。很多士人国家观念淡薄，并不忠于所在的诸侯国。这些恃才之士在各国间流动频繁，他们莫不企盼明主知遇。他们希望能遇见像知音一般理解自己的诸侯王公，从而一展胸中所学。这几乎是几千年来所有读书人的梦想。然而能达到此目标的毕竟是少数。更多的人一生怀才不遇而寂寂无名，有的或隐身市肆，有的则终老山林。由此可见，《高山流水》在先秦时代就广为流传，是因为这个故事背后的寓意是人生遇合的美妙，及人生不遇的缺憾。所以千百年来引起无数人的共鸣亦在情理之中了。

这么说来，友谊倒在其次了。所以本篇称，《高山流水》为千百年来被善意地无限夸大了的友谊。能引起人们无限向往的乐曲和友谊，也许并非故事的本味所在。

不过在列子的书中，这个故事还包含着另外一层意思，这就是事中含理，声中含律。任何事物都包含着它自身的法则或道理，任何声音都包含着它自身的声韵或音律。这法则或道理、声韵或音律就是这些事物和声音自然本质的标志，也正是人们之所以能够顺应万物的前提和依据。只要人们体察到了事物和声音的全部法则、道理、声韵和音律，也就可以体察到事物和声音的全部本质并将自己的全部身心融会于事物和声音之中了。钟子期能将伯牙所奏曲子的全部含义体察无遗，讲的正是这个道理。

偃师造人

【原典】

　　周穆王西巡狩，越昆仑，不至弇山。反还，未及中国，道有献工人名偃师，穆王荐之，问曰："若有何能？"偃师曰："臣唯命所试。然臣已有所造，愿王先观之。"穆王曰："日以俱来，吾与若俱观之。"翌日，偃师谒见王。王荐之曰："若与偕来者何人邪？"对曰："臣之所造能倡者。"穆王惊视之，趋步俯仰，信人也。巧夫镊其颐，则歌合律；捧其手，则舞应节。千变万化，惟意所适。王以为实人也，与盛姬内御并观之。技将终，倡者瞬其目而招王之左右侍妾。王大怒，立欲诛偃师。偃师大慑，立剖散倡者以示王，皆傅会革、木、胶、漆、白、黑、丹、青之所为。王谛料之，内则肝、胆、心、肺、脾、肾、肠、胃，外则筋骨、支节、皮毛、齿发，皆假物也，而无不毕具者。合会复如初见。王试废其心，则口不能言；废其肝，则目不能视；废其肾，则足不能步。穆王始悦而叹曰："人之巧乃可与造化者同功乎？"诏贰车载之以归。夫班输之云梯，墨翟之飞鸢，自谓能之极也。弟子东门贾禽滑厘闻偃师之巧，以告二子，二子终身不敢语艺，而时执规矩。

——《周穆王》

【古句新解】

　　周穆王到西北地区巡视和狩猎，越过了昆仑山，一直到达了太阳落下去的弇山。在他返回的路上有一个人拦路求见，说自己有高超的工艺技巧，自称偃师。穆王召见了他，问道："你有什么本事？"偃师说："凡是大王要臣做的东西臣都能做出来。不过臣现在有已经做好的一个物件，愿意献给大王，让大王先观赏一番。"穆王说："好吧！明天你把它带来，本王与你一同观赏。"第二天偃师与另一个人一同来见穆王。穆王问："和你一起来的是什么人呀？"

　　偃师回答说："这是我造出来的一位艺人。大王想要观看的歌舞他都会表演。"穆王感到很惊奇，从座上下来，围着这个人转了三圈，上下打量，看上去俨然是一个真人。心中说："领一个真人来骗我，且看你要什么伎俩。"遂命他随意表演一下看看。只见偃师上前将那人的下巴一掰，那人便润润喉咙唱了起来。其声悠扬动听，优美无比。群臣皆奇，唯独穆王不以为然，认为是以真人假充。

　　一曲唱完，偃师上前将那人的手臂一拉，那人便舒袖伸腿，舞了起来。刚柔相间，手足相应，节拍有致，煞是动人。穆王也只是一笑而已。之后，那人应人而动，无所不能，即使是真人，也可以称得上是一个高手艺人，因而博得了一片赞扬声。不料那人在得意之时颇有忘形之举，竟然朝观看表演的穆王众妃投目献媚。穆王大怒，喝道："大胆野人，竟敢拿真人来戏本王。左右给我把这二人拿下砍了！"

　　偃师闻言大惊，苦苦哀求，说："大王饶命！此人确是为臣造的假人，不敢有丝毫谎言。还求大王给臣一个机会，让臣将他拆开给大王看看。倘若不是假人，大王再斩也不迟。"

　　穆王心想，还怕你跑了不成。于是说："好吧！若不是假人，掉了脑袋可不要怨本王。"众人为偃师松了绑，偃师慌忙走到那人面前将其衣服剥下，在他头顶上连拍五下，只见那人肚子张开，五脏六腑全都露了出来，仔细察看，都是用皮革、木材、颜料、油漆做成的，果然是个假人。将其肚子合住，在其两脚心上各拍五下，那人便又活了起来，穿上衣服与真人无异。穆王大为惊讶。虽说那人是假的，但是肌肤、皮毛、发齿、筋骨、心、肝、肺、脾，凡是人所具备的，无所不有。试将其心取出，则口不能言；试将其肝取出，则目不能视；试将其肾取出，则足不能行。穆王赞叹不已，说："人的技巧难道真能达到造物者的程度么？怎么能造出与真人一模一样的人来呢？"穆王得到了一个奇人、一个奇物，用两辆车分别载着他们回了王宫。后来在春秋战国时期出了两个能工巧匠，一个是鲁班，一个是墨子。鲁班发明了云梯，可以架虚而攻城；墨子制造了一个木鸟，在天上能飞三天三夜不落地。这二人都很自负，认为自己的能耐达到了登峰造极的程度了。后来他们的弟子东门贾、禽滑厘听说了偃师的事迹，就告诉了他们，从此这二人再也不敢炫耀自己的技艺了。

自我品评

这个故事中偃师造人，不是像神话中那些神仙吹一口仙气，而是按照人的机理制造。所以假人身体的结构及各种构件之间的关系与真人一样，无心则口不能言，无肝则目不能视，无肾则足不能行。列子用这个寓言故事说明，顺应事物的律数及道理，可以创造出一切。在人们不掌握事物的律数和道理之时，认为这是奇迹，而掌握之后，这也就成了自然而然的事情。当然，人类不可能全部掌握事物的律数和道理，因此也不会创造出所有的事物来。这里只是展示人的行为与客观事物之间的关系。它告诉人们，自己的行为要达到预期效果，就要与客观事物的律数和道理相符合。客观事物的律数和道理是可以体会和把握的，体会、把握了它们，顺应着它们，行事就可以成功，造物就可以获果。

幻化之术

【原典】

老成子学幻于尹文先生，三年不告。老成子请其过而求退。尹文先生揖而进之于室，屏左右而与之言曰："昔老聃之徂西也，顾而告予曰：有生之气，有形之状，尽幻也。造化之所始，阴阳之所变者，谓之生，谓之死。穷数达变，因形移易者，谓之化，谓之幻。造物者其巧妙，其功深，固难穷难终。因形者其巧显，其功浅，故随起随灭。知幻化之不异生死也，始可与学幻矣。吾与汝亦幻也，奚须学哉？"老成子归，用尹文先生之言深思三月，遂能存亡自在，憣校四时，冬起雷，夏造冰，飞者走，走者飞。终身不著其术，故世莫传焉。子列子曰："善为化者，其道密庸，其功同人。五帝之德，三王之功，未必尽智勇之力，或由化而成，孰测之哉？"

【古句新解】

老成子向尹文先生学习幻化之术，尹文先生三年都没有教给他。老成子请问自己错在哪里，并要求退学。尹文先生向他作揖，引他进入室内，叫左右的人离开房间后对他说："过去老聃往西边去，回头告诉我说：一切有生命的气，一切有形状的物，都是虚幻的。创造万物的开始，阴阳之气的变化，叫做生，叫做死。懂得这个规律而顺应这种变化，根据具体情形而推移变易的，叫做化，叫做幻。创造万物的技巧微妙，功夫高深，本来就难以全部了解，难以完全把握。根据具体情形变易的技巧明显，功夫低浅，所以随时发生，又随时消灭。懂得了幻化与生死没有什么不同，才可以学习幻化之术。我和你也在幻化着，为什么一定要再学呢？"老成子回去后，根据尹文先生的话深思了三个月，于是能自由自在地时隐时现，又能翻交四季，使冬天打雷，夏天结冰，使飞鸟在地上走，走兽在天上飞。但终生没有把这些幻术写成书，因而后世没有传下来。列子先生说："善于幻化的人，他的道术隐秘而平常，他的功绩与一般人相同。五帝的德行，三王的功绩，不一定都是由智慧和勇力而来，也许是由幻化来完成的，谁能推测到呢？"

自我品评

　　一般来说，道家的文章都是说道的，而这里借用幻化之术来论巧术，以此喻彼本是很不寻常的事。那么，暂且用音乐这个话题，过去因为受到技术手段的限制，声音不像文字和图形那样可以跨越时空加以保存，音乐的听觉效果究竟如何，隔过一定距离或过上一段时间就没人知道了。所以，儒家的六经到了后来唯独丢了一门《乐经》，而对于音乐方面种种曾经有过的成就，后人所知的主要是一些人名，甚至人名都不是很确切的信息，比如师旷，有不少记载说他是晋国的乐师，技艺出神入化，但也有一些说法与之有时代、地域上的矛盾，看起来凡是音乐高手都有被称为"师旷"的。至于邹衍，这个人物的记载稍微明确一些。至少并不是好多不同时空的人合用这么一个名字，但他和音乐的关系却大大地复杂。他所吹的律管在音乐上的用途类似我们今天的定音笛，他把音乐和五行学说结合在一起构建了一套复杂的理论，所以传说他吹奏律管能够引起季节变化，而过去的历法和音律也由此有了十分紧密的理论联系。

　　音乐在古人的心目中充满了神秘的色彩，在远古时期，祈祷丰收、祭祀祖先之类的最重要的活动无不伴随着音乐。对人来说，音乐的确有着一种激发能量、调节心理或生理状态的功能，尽管现代科学也不能完全解释其机理，但是至少被人们当作治疗和保养的辅助手段而广泛使用。这样，音乐就很容易被古人们视为沟通天人的渠道之一，就是说，音乐可以使人获得来自天界的力量。同时，由于正式的音乐在生活中很难听到，即便对一百年前的人来说，看戏已经是生活中不可多得的一件大事，以至于中国拍摄第一部电影就选择了京戏。若是想听到成规模的管弦乐合奏，那就必须遇到大规模的庆典、祭祀之类，大多数人很可能是一辈子都没有这种机会的。于是，音乐的神秘性就被大大地强化，而音乐也成为了一项很高深的学问。

现在回到幻化之术来，懂得生死这个规律而顺应这种变化，根据具体情形而推移变易的，叫做化，叫做幻。而学习幻化之术不一定都是由智慧和勇力而来，这就需要达到内外相应，才能产生共鸣。

老成子向尹文先生学习幻化之术"三年不告"。于是老成子请问自己错在哪里，并要求退学。于是尹文先生屏左右对他说：过去老聃告诉我说：一切有生命的气，一切有形状的物，都是虚幻的。创造万物的开始，阴阳之气的变化，叫做生，叫做死。懂得这个规律并且顺应这种变化，才能懂得什么叫幻化之术。要真正学好幻化之术依靠的未必是智慧和勇力，而是需要内外相互配合、相互融合，从而达到内外相应的自然而然的境界。

歌遏行云

薛谭学讴于秦青，未穷青之技，自谓尽之；遂辞归。秦青弗止。饯于郊衢，抚节悲歌，声振林木，响遏行云。薛谭乃谢求反，终身不敢言归。秦青顾谓其友曰："昔韩娥东之齐，匮粮，过雍门，鬻歌假食。既去而余音绕梁欐，三日不绝，左右以其人弗去。过逆旅，逆旅人辱之。韩娥因曼声哀哭，一里老幼悲愁，垂涕相对，三日不食。遽而追之。娥还，复为曼声长歌，一里老幼喜跃抃舞，弗能自禁，忘向之悲也。乃厚赂发之。故雍门之人至今善歌哭，放娥之遗声。"

——《汤问》

【古句新解】

秦国有一个善于唱歌的人，名叫秦青。他的徒弟薛谭跟着他学习了五年，自以为把他的本领都学到了，便要辞别老师回家去。秦青见薛谭想走，也不挽留，等到动身那天，在郊外的小亭子为他饯行。酒酣兴浓之际，秦青手掌打着拍子唱起了悲壮的歌，其声穿透云霄，震动树林，惊飞了林鸟，遏阻了行云。薛谭直到此时方知自己只是学到了一些皮毛，唱歌的奥妙远远没有学到手，便请求老师原谅自己，让他重新学艺。秦青允许了，从此薛谭再也不敢提起回家的事，因为他切身体会到了艺无止境的道理。

一天秦青招待一个朋友，席间谈起了唱歌之事。秦青说：过去韩国有一人叫韩娥，特别善于唱歌。有一次她到齐国去旅游，路上没有了盘缠，路经雍门的时候，以卖歌换取一些饮食。人们感到惊奇的是，她唱的歌在空中缭绕不绝，一直到她离去的第三天，这歌声还在梁栋之间回荡，不少人以为她还在那里唱。有一次她要住旅店，店家嫌她衣服褴褛，不接待她，她便坐在旅店门口唱起了歌。只听得她张口唱道：求求日头莫西去，莫容夜幕罩大地，可知天下有穷女，饥肠辘辘无寒衣。人生都是爹娘肉，谁愿亲女落街头，韩娥在外逢绝路，父母牵肠泪双流。天幽幽兮地悠悠，居家欢乐离家愁，韩娥蜷躯人篱下，祈天梦中有人留。

其声悲而凉，其音哀而亢，震撼人心，催人泪下。只唱得一街老幼抽泣，只唱得栏中牛马哀鸣。唱完之后韩娥提上自己的小包站起身走了，可是人们的哀情再也抑制不住，哭声不绝于市，泣声连成一片，三天三夜不能入睡，三天三夜不能进食。眼看着不能正常生活，只好派人去追赶韩娥。韩娥回来后，那旅店的店主满脸赔笑，待如上宾，央求她收回悲声。韩娥看在众多百姓的面子上又放开嗓子唱了一支欢快的歌。顿时人们转悲为喜，欢呼雀跃，载歌载舞，笑面相对。大家非常感谢韩娥，赠给她好多礼物，送她上路。从那之后，雍门就有了用唱歌抒发情感的习惯。

自我品评

世人观察事物，判断是非，因为要受视角、思维定式、人生经历、身处环境、身居地位等诸多要素的影响或束约，获取的印象，做出的结论，就相互出入很大，于是人们各执己见，各述己论，莫衷一是。读书也同此理。人们同读一本书，各有各自的解读方法，各有各自的读后感想。现在谈谈我读"薛谭学讴"一文的感想。在有限的书籍中，《列子·汤问》篇中的"薛谭学讴"，是我看见的最古老的记述声乐教育的文字。此文告诉我们，我国在两千五百年以前就已经出现了职业声乐教师，因为《列子》一书是战国时期问世的著作。只可惜《列子》著作不是正宗史书，又叹惜中国的正宗史书是不记载中国的科教文发展史的，使我们的那些善令大人物宠爱的学者们，不能手执《列子》一书去尽施捕风捉影的看家本事来番大扬国威。"薛谭学讴"中没有叙述秦青进行声乐教育的具体细节，没有介绍薛谭声乐学习的内容，甚至连薛谭提出了要"辞归"时，究竟已经向秦青学艺有多久也不交待，我以为与正题"学讴"有偏离之嫌。"薛谭学讴"全文的重心是刻画人物秦青和薛谭，颂扬秦青的"视徒如子"和薛谭"知错则改"的好品质。秦青对待学生，宽容大度、仁爱和善，作者用最简洁、洗练的词字成功塑造出教师秦青的高大形象。

其实，薛谭很可爱。薛谭不仅有"知错则改"的大丈夫品质，有对真善美，尤其是声乐艺术执著追求的好德性，还有头脑清晰、眼光锐利的艺术鉴别力。在混沌世界，尤其在铜臭熏天的年代，学生寻明师难；明师寻好学生更难。学生寻明师，其难难在必须长着一双锐眼。

就一般的意义上讲，这个故事说明学无止境。任何一种技艺，任何一种学问，都有它的深浅层次。要想深入进去，学到真正的本领，非一朝一夕的功夫可以达到。所以薛谭纠正了自己的浅薄认识，返回到秦青的身边继续深造，而且终身都不敢说自己已经学到家了。而秦青讲的韩娥的故事，更是在表明唱歌技艺的深奥莫测，也借此表明，一切的技艺都无止境，他的技艺虽然已有深度，但远远没有达到韩娥的水平。

就深层的意义而言，这个故事在讲人的主观能力与客观事物之间的关系。认为人只要把握了客观事物的律数和道理，顺应客观事物的律数和道理，不但可以像秦青那样用歌遏阻行云，可以像韩娥那样用歌控制人的情感，而且可以适用于不同事业的方式成就各种事业，达到自己想要达到的目的。这就是列子说的顺应自然的功用。

不恃智巧

【原典】

宋人有为其君以玉为楮叶者，三年而成。锋杀茎柯，毫芒繁泽，乱之楮叶中而不可别也。此人遂以巧食宋国。子列子闻之，曰："使天地之生物，三年而成一叶，则物之有叶者寡矣。故圣人恃道化而不恃智巧。"

——《说符》

【古句新解】

宋国有个人给他的国君用玉做成楮树叶，三年做成了。叶子枝茎筋脉的肥瘦、毫毛尖端的颜色与光泽，放在真的楮树叶子中都分辨不出来。这个人于是凭着他的技巧在宋国生存。列子听说这事，说："倘使天地间生成万物，要花三年才长成一片叶子，那有叶子的东西就太少了。所以圣人依靠自然的演化而不依靠智慧技巧。"

自我品评

凡寓言，都拒绝抬杠，如果一定要跟作者较劲，所得者，无非是自己一种空洞的满足；所失者，却是对作者微旨的理解。就说这一则吧，你可以边读边摇头：这纯粹是不懂艺术嘛！如果你不是开玩笑，那只能说你不太会思考、不太会接受。五花八门的寓言大多如此，考较你是否善于思考、善于接受。其实，这个精巧的小故事最后把重心落在了道化和巧术这一组概念上。拿叶子来说，树上长的叶子就是道化的结果。那么，使树上长叶子需要做什么？不需要。树上本来就会长叶子出来，不需要刻意去做什么，这本来就是有关叶子的"道"。玉，本来就是石头，长成什么样子的都有，但肯定不会长得跟叶子一样，因为它跟叶子从来就不相干，各有各的"道"。如此看来，一定要说"道"有什么特征，那就是一句废话：它就是它应该生成的那个状态。

当你企图把玉变得和叶子一样的时候，所做的实际上就是用外力强行去改变玉的道。玉应该就是它那个石头样子，这不需要做任何努力，而要把它改变成叶子的样子就必须依靠巧术，那是外力。而且，做这样的努力是非常耗费精力的。耗费了如此多的精力，这个宋人得到了饭碗，可能连退休金都准备足了，对他来说值了。所以，各种各样去拂逆"道"的事情都有人做，那就是因为人们总能找到适合自己的理由，从而为之支付大量的时间和精力。

但是，道家讲理论的时候从来都是反对这样的做法的，理由很简单，就像庄子说的：巧者劳而智者忧，无能者无所求，蔬食而遨游，泛若不系之舟。这种否定是基于价值观的，要想轻松、惬意、无忧无虑，那么就放弃那些能够引人注目的追求，甘于平淡的生活、平凡的地位、平和的心境、平稳的节奏。从而回归质朴的道化，这样才能有一个好的氛围。

可见，道家并不是对艺术、科学、政治什么的有意见，而通常是借题发挥，希望人们简单点，这倒有点像是精神层面上的环保。于是，有不少人就觉得道家思想是消极的、保守的，那可是被他耍了。谙通道家学说的人其实都是很聪明的，其中一个方面就体现在他们灵活，而且是有原则的灵活。历史上，中国许多能称为高度智巧的学问都是道家人物的成果，兵法、星占、医药、天文之类超复杂的技术每每是道家的最爱，当历史发生重大转折的时候道家人物经常是首席参谋官，像汉初的张良、明初的刘基，乃至后世写小说都仿照这样的套路：瓦岗寨有徐茂功、岳家军有诸葛英、水泊梁山则有吴用和公孙胜。真正的道家人物从来不把自己的原则看作铁板一块，他们懂得任何道理都不是死理。

所以，道家罕有犟头倔脑、为了某个原则胡乱硬上的书呆子，因为他们通过不断地揣摩"道"，从而知道如何"不按常理出牌"才能收到预期的效果。不过，不要因此又小看了道家，觉得他们是投机者。道家和投机者虽然都会做出看似自相矛盾的选择以牟利，但他们的区别在于：投机者是一场一场比赛去安排的，而道家是把一生甚至更久看作一个赛季。张良在刘邦一生的事业中起了几次十分关键的作用，其他时候基本都是默默无闻。他被刘邦视作三杰之一，另外两个后来一个反叛被杀，一个饱受猜疑，唯独张良平稳过关，这已经很不容易了。到了刘邦晚年，吕后当权，张良仍然是大局的隐性主角，用迁延战术最终铲平了吕氏，保住了刘邦的基业。如果，一个人能够做很多有益的大事，同时又能保全自己不受伤害，那么被许多不明白的人误解，是否真的很重要呢？

从这个意义上说，巧术不仅不是一种具体的事物，甚至也不算是一种方式、招数或套路，它的这一特点更类似于我们平时常说的理念、观念，本身并不可见，唯其实施于某一具体事物时才能感知其存在，而换在另一事物身上之后又会呈现出同理但不同细节的表现。每个人都可以从自身出发去构建这种理念，这个过程需要宽广的视野，把眼光从一时一事延伸到人生、社会、历史乃至无穷无尽的宇宙，越是深邃幽远，从外到内真真正正的自然融合的境界。

造父学驭

造父之师曰泰豆氏。造父之始从习御也，执礼甚卑，泰豆三年不告。造父执礼愈谨，乃告之曰："古诗言：'良弓之子，必先为箕；良冶之子，必先为裘。'汝先观吾趣。趣如吾，然后六辔可持，六马可御。"造父曰："唯命所从。"泰豆乃立木为涂，仅可容足，计步而置，履之而行。趋走往还，无跌失也。造父学之，三日尽其巧。泰豆叹曰："子何其敏也？得之捷乎！凡所御者，亦如此也。曩汝之行，得之于足，应之于心。推于御也，齐辑乎辔衔之际，而急缓乎唇吻之和，正度乎胸臆之中，而执节乎掌握之间。内得于中心，而外合于马志，是故能进退履绳而旋曲中规矩，取道致远而气力有余，诚得其术也。得之于衔，应之于辔；得之于辔，应之于手；得之于手，应之于心。则不以目视，不以策驱，心闲体正，六辔不乱，而二十四蹄所投无差，回旋进退，莫不中节。然后舆轮之外可使无余辙，马蹄之外可使无余地，未尝觉山谷之险，原隰之夷，视之一也。吾术穷矣。汝其识之！"

——《汤问》

造父是中国古代著名的驾车能手，他的老师名叫泰豆氏。造父刚刚开始学习驾车的时候，对老师特别尊敬，礼节非常周全，晚铺床，早问安，洒扫献茶，时时不闲。可是泰豆氏三年都没有教他一招技艺。造父不但一点抱怨情绪也没有，反而更加谦虚卑顺。泰豆氏看造父如此诚心求艺，才开始教他。泰豆氏说："不是我不愿教你，而是得先看你有没有学习驾车的基础。这个基础不是别的，最重要的是学习的诚心和耐心。没有练心，就不能入门；没有耐心，就不能到家。这些年来你受到了磨炼，有了韧性，我看大概可以了。不过，凡事都得从基本功开始。制造良弓的大匠教他儿子造弓，必从编织簸箕入手；锻造金属的大匠教他儿子炼铁，必从糅制皮革入手。现在我要教你驾车，得先从稳定步伐入手。能稳住自己的步伐了，也就能驾稳六马之车了。我做个样子给你看，你学习一下如何稳定步伐。"造父说："我一切都听您的安排。"只见那泰豆氏在地上架起了一个独木桥。其宽仅能放上一只脚，其长足有三四丈。泰豆氏行于其上，来回往返，不计其数，稳稳当当，没有一点摇晃不定的痕迹。造父照着泰豆氏的样子去做，起初摇摇晃晃，把拿不住，可是仅练习了三天时间就很沉稳了。泰豆氏很高兴，赞叹说："你真够敏捷的，学得如此之快，太难得了。驾车虽然在形式上与此不同，但其使用的劲头却与此相似。你好好体会一下就会知道，方才使用的劲头表面上是脚下的功夫，而实际上是心里的功夫。正因为心头沉稳，所以脚下才沉稳。如果心头不沉稳，脚是无法沉稳的。把这个道理推广到驾车上，就是要协调好辔衔的动作，把握住快慢的节奏，体会于心胸之中，调节于掌指之间。只有内心得其道、动作合马意，才能进退自如而丝丝入扣，行于远道而气力有余。驾驭之术可以用几句话来概括，那就是：牵动马衔，从马辔入手；牵动马辔，从掌指入手；运动掌指，从内心入手。因此，驾车之时，不必用眼睛去看，也不必用鞭子去赶，只要内心悠闲、身体平正，心与手相感应，手与绳相感应，则六马之辔不会紊乱，二十四蹄不会错点，回旋进退自由自在，山谷高坡无有差别。那真可以说，车轮之外不必有余辙，马蹄之外不必有余地，任你跃马驾轮遨游天下。"造父按照泰豆氏的指教认真地练习，果然成了中国古代最负盛名的驾驭能手。

自我品评

　　这个故事不仅说明任何事物都有它的律数和道理，而且说明做任何事情，都必须内外相合。所谓"内"，指的是心；所谓"外"，指的是人的行为对象。所谓内外相合，也就是人的心理感受与行为对象的律数道理相吻合。只有达到了这种吻合，才能使人的行动与事物的变化相和谐，才能行之顺利而做事成功。这就是泰豆氏说的内心得其道、动作合马意。

　　在内心与外界事物的关系中，内心这一方面是主动的，外界事物那一方面是被动的，因此，关键的关键还在于人的主观意识。不过，在列子看来，发挥人的主观作用不是要人去认知客观事物的律数和道理，而是要去体会、去感悟。所以故事中说驾车不用眼看，而要内心悠闲；不用鞭赶，而要身体平正；使心与手相感应，手与绳相感应。列子认为，只要遵循事物的律数和道理，就可以办成一切事情。这就是道家所谓的内外相合，自然而然的境界。

梁鸯驯兽

【原典】

　　周宣王之牧正有役人梁鸯者，能养野禽兽，委食于园庭之内，虽虎狼雕鹗之类，无不柔驯者，雄雌在前，孳尾成群；异类杂居，不相搏噬也。王虑其术终于其身，令毛丘园传之。梁鸯曰："鸯，贱役也，何术以告尔？惧王之谓隐于尔也，且一言我养虎之法。凡顺之则喜，逆之则怒，此有血气者之性也。然喜怒岂妄发哉？皆逆之所犯也。夫食虎者，不敢以生物与之，为其杀之之怒也；不敢以全物与之，为其碎之之怒也。时其饥饱，达其怒心。虎之与人异类，而媚养己者，顺也；故其杀之，逆也。然则吾岂敢逆之使怒哉？亦不顺之使喜也。夫喜之复也必怒，怒之复也常喜，皆不中也。今吾心无逆顺者也，则鸟兽之视吾，犹其侪也。故游吾园者，不思高林旷泽；寝吾庭者，不愿深山幽谷，理使然也。"

——《黄帝》

【古句新翻】

　　周宣王手下负责饲养禽兽的主管手下有个叫做梁鸯的仆役，能够饲养野禽野兽，在园庭中喂养它们，即使是各种猛禽猛兽，没有不柔顺驯服的。雄雌禽兽交配繁殖，生育繁衍成群结队；不同类的禽兽混杂居住，并不互相搏斗撕咬。周宣王担心他的技术随着他的老去而失传，便命令毛丘园去传承他的技术。梁鸯说："我梁鸯不过是一个低贱的仆役，哪有什么技术可以传授给你？不过怕大王说我对你隐瞒，姑且和你谈谈我养老虎的方法。顺着它它就高兴，逆着它它就发怒，这是有血气的动物的本性。但是高兴与愤怒又哪里是随便发泄的呢？都是违背它的习性才出现的。喂养老虎的时候，不敢直接把活的动物给它，因为它杀死活物时要发怒；不敢把完整的动物给它，因为它撕碎动物要发怒。观察好它饥饿的程度，摸透它为什么会发怒。虎与人并不是同类，但知道讨好喂养它的人，是因为喂养的人顺着它的缘故；那么它伤害人，就是因为逆着它的缘故了。这样，我哪里敢逆着它而使它发怒呢？当然也不能故意顺着它使它高兴。高兴以后必然是愤怒，愤怒平复以后常常是高兴，都不是适中的。现在我的心是既不违逆也不顺从，那么鸟兽对待我就像对待它们的同类一样。所以在我的园中游玩的禽兽，不思念高大的树林和空旷的沼泽；在我的庭中睡觉的禽兽，不向往深山幽谷，这是由事物的原理所决定的。"

自我品评

说到自然，总不免让人想起树木花草、鸟兽虫鱼，没有了这些活生生的东西，自然也仿佛不再能称为自然了。是的，自然是活的，但我们不能仅仅把眼中、心中的动感当成是活的，即便是禽兽，也有它的性情。性情这东西，无形无象，只有缘附于具体的事物才能够显现，去感知它便也不是用视觉、听觉或触觉，而是要用心。关于人的感知体系，古今都有不少复杂的理论，这里姑且不赘述，大致"用心"一词已经足以表达。

用现代的话说，梁鸯是一个一线的驯兽员，幸运的是他没有经过现代化的科班培训，没有学过什么动物心理学之类的理论，他只知道最简单的顺逆喜怒，而最简单的道理被"用心"去实践了，效果是不同凡响的。不过，道家并不是真的关心驯养动物的问题，我们自然也不必去纠缠现代动物学的研究水平，关键还是要说说这个"用心"。

平时，用心一词常常被用作认真、仔细的近义词，而孔子说"饱食终日，无所用心"又是把它当作与肢体活动对应的精神活动。我们现在所说，与二者的取义均有所不同：梁鸯与动物交往用的是"心"。或许你会问，不用心用什么？用暴力？不是的。和"用心"相对应的是"用智"。

道家最反感人用智，用智和用心的分别不在于成效，也不在于究竟是什么事，而是在于你自己的立场。说梁鸯用心，不是因为他参透了喜怒顺逆的道理，如果仅仅是这样，他或许也可以做一个好的驯兽员，但绝不会是被道家说得神乎其神的那种。梁鸯的过人之处在于，明明知道动物的秉性，却仍然能够"无顺逆"，通俗地说，他知道如何让老虎高兴，但绝不哄着它；他也知道拧着干会让老虎生气，但该拧还是得拧。能够做到这一点，就在于梁鸯能找到做一个驯兽员的合适立场，他并不认为自己是这些禽兽的主宰，不认为自己高它们一等，与它们相处犹如和自己的街坊四邻相处，彼此有照应，求和睦，偶尔也会有矛盾。正因为这样，梁鸯和动物们的关系恰好达成了一种平衡，这也就是用心的结果。

如果梁鸯是一个用智的人，他就会有一个完全不同的立场，他的一举一动必须符合管理员的职责要求，这可就麻烦了，可能每个步骤、每个举措都有一定的意义，都要达到相应的目标。人们总觉得目标明确了事情就容易做，但道家认为那需要付出完全不成比例的代价，绝顶的聪明和过人的谨慎或许能换来一定的成功，可是这么做太累，也隐伏着很大的危险。这可以用诸葛亮七擒孟获的故事作为例子，故事是人们耳熟能详的，诸葛亮在整个事件中的作为也是精彩的，他是一个丞相，他的任务是稳定蜀国的后方，于是他和梁鸯一样必须面对一群顺之则喜、逆之则怒的"异类"，他们一样不能去消灭这些"异类"而必须使之驯服。他们都成功了，但是其中又有一个根本的区别，诸葛亮无法泯灭自己汉丞相的立场和南蛮融为一体，毕竟他还有兴复汉

室的大业要去完成，驯服南蛮只是一个步骤。所以他必须竭尽自己的智力和谨慎去征服南蛮的心，用零失误的惊人战绩让孟获感到对抗是无意义的，用一而再、再而三的宽容让孟获确认顺从是有安全感的。最终，的确达到了平衡，但这种平衡并不是对称的、自然的，用梁鸯的话说，这不是适中的。或许因为太喜欢七擒孟获的故事，你会觉得这么说有点挑剔，诸葛亮做得很完美了，怎么可能还有什么更高级的"用心"的做法呢？这只需要假设。诸葛亮在高卧隆中的时候会用这么累的办法去搞定他的邻里吗？不会。又假如蜀国和孟获都是臣服于中原的偏安小国，诸葛亮会用如此迂曲的手法处理两国的纠葛吗？也不会。同样，梁鸯要是背负了什么奇特任务，诸如他的这些禽兽需要去参加什么不允许失误的重大演出，那恐怕也由不得他用心不用智了。

不难看出，梁鸯的精彩在于"吾心无逆顺者也"一句话，唯其如此才能真正达到道家理想中的"自然"境界。在内心与外界事物的关系中，内心这一方面是主动的，外界事物那一方面是被动的，因此，关键之处还在于人的主观意识。

杨朱治国

【原典】

杨朱见梁王，言治天下如运诸掌。梁王曰："先生有一妻一妾而不能治，三亩之园而不能耘，而言治天下如运诸掌，何也？"对曰："君见其牧羊者乎？百羊而群，使五尺童子荷箠而随之，欲东而东，欲西而西。使尧牵一羊，舜荷箠而随之，则不能前矣。且臣闻之：吞舟之鱼不游枝流，鸿鹄高飞不集汙池。何则？其极远也。黄钟大吕不可从烦奏之舞。何则？其音疏也。将治大者不治细，成大功者不成小，此之谓矣。"

——《杨朱》

【古句新解】

杨朱进见梁王，说治理天下如同在手掌上摆弄东西一样简单。梁王说："先生有一妻一妾都管不住，三亩大的菜园都种不好，却说治理天下如同在手掌上摆弄东西一样简单。为什么呢？"杨朱答道，"您见到过那牧羊人吗？上百只一群的羊，让一个五尺高的小孩拿着鞭子跟着，想叫羊向东羊就向东，想叫羊向西羊就向西。如果许尧牵着一只羊，舜拿着鞭子跟着，羊就不会往前走了。而且我听说过：能吞下船只的大鱼不会游到支流中，高飞的鸿鹄不会落在水池里。为什么？它们的志向极其远大。黄钟大吕这样的音乐不能给繁杂凑合的舞蹈伴奏。为什么？它们的音律十分古朴。准备做大事的不做小事，要成就大功业的不成全小计划，说的就是这个意思。"

自我品评

下面是陈蕃的故事。陈蕃十五岁时，独自住在一个庭院里，平时不爱收拾，外面杂草丛生，屋里脏乱不堪。一天，他父亲的一位老朋友薛勤路过，便对陈蕃说："孺子何不洒扫以待宾客？"陈蕃回答道："大丈夫处世，当扫除天下，安事一室乎？"薛勤十分惊奇，知道这个少年胸怀大志。

陈蕃的故事流传很广，本来不需要说的，可是有一点令人十分费解，大多数人所知道的这个故事里还有一句"一屋不扫何以扫天下"的质问。可实际上，在史书的记载中只有上面这一小段内容，薛勤并没有发出这句慷慨激昂的质问，天晓得是谁编出来的，居然还编得挺完整，以至于众所周知。既然有人编出这么一句广为流传，就说明很多人对陈蕃的那副样子是抱着不以为然的态度的，现在再来读杨朱这番话，怕是很多人要不住地摇头：怎么又是这么一号人！可是，我们从头就搞错了。把扫屋和扫天下看作是因果关系的，不仅不是薛勤，甚至连古人的寻常观念也不是。陈蕃也是后汉时期的一代名臣，虽说生不逢时，最后的结局很是有些凄惶，但至少薛勤没有责备他，反而十分赞许他少年时的这种大气。后来读书人谈到这件事，也往往从少年立志的角度加以赞许。陆游曾经写诗道：莫笑书生一卷书，唐虞事业正关渠。汉廷若有真王佐，天下何须费扫除。

这不过是慨叹汉朝日薄西山，陈蕃虽有大志却不能有所作为。对此事颇有微词的是杨万里，他的诗是这样的：仲举高谈亦壮哉，白头狼狈只堪哀。枉教一室尘如积，天下何曾扫得来？

这是说他少年时候雄心不小，后来终究也没能做出什么名堂。不过这只是就事论事，陈蕃后来的确没做出像样的、可以称作"扫天下"

的大事业，可杨万里也并没有把这种失败和"不扫一屋"说成是因果关系。从陈蕃的这句话中体味出志大才疏、好高骛远的意思的，恐怕是现代人，至于是谁首创了这样一种解读就不得而知了。现代人能普遍接受这种解读的原因，我们怀疑它或许源自两个方面的合力。一个是正面的。从教导子弟的角度出发，因年轻人往往心似浮云，不加以磨砺恐流于浮躁而妨碍成功，连儒家对孩童的训练也是从洒扫应对做起的，志向远大固然是好事，泼点冷水也是必须的。另一个是负面的。在官场文化中，打扫卫生常常成为新人的必修课，再失败的官吏只要还能有机会督责别人扫地就不会真正陷入绝望，面对这样一个口出大言的少年，画蛇添足地加上这么一句"一屋不扫何以扫天下"也是不少人的一大快事。

对陈蕃的态度如此，想来对杨朱也相去不远。尽管过去的读书人受孟子的影响对杨朱很有成见，但总不至于顺着他这番言论去推导他"不肯从小事做起"的缺陷。不论是儒家还是官场，道家都不喜欢，尤其是郁闷的政治更是道家最大的反感，所以杨朱这话照例是不理他们这一套的。如果要说理，道家可以从解放人性、顺从自然的角度阐述，不过实在有点懒得说，这道理还用不着拔得那么高去解释。不同的秉性决定了不同的选择，不同的选择产生了不同的分工，连儒家阵营的孟子都能说得出劳心者和劳力者的不同，那还有什么必要多加辩解呢？

杨朱的话肯定是不错的，但是毛病出在这个场景。一开头他就很张扬地炫耀"治天下如运诸掌"，这才有了下文这一串啰嗦。归根结底，梁王的质疑也好，"一屋不扫何以扫天下"的责难也罢，责难的都不是事理，而是在赌气。凡是赌气的，要么干脆就是粗人的做法，迎面给上一拳，否则必然要说理，而关于人家自吹自擂的理恰恰没什么可多说的。因为尧舜不合适放羊，放羊的也不会治国；扫屋的不合适扫天下，扫天下的也不合适扫屋。两样都能做并不稀奇，只能做一样无可厚非。杨朱在那里自夸，梁王很忠厚地跟他讲理，已经挺好笑的。梁王一个不小心还暗用了一个错误前提——管妻妾、种菜园是小事，治天下是大事，小事和大事的关系是线性关系，必须小事做好了才能做大事。事情的大小关乎价值观，本无一定，即便就是如此定义其大小，谁又说它们是线性关系呢？就因为这样一个荒谬的隐性前提，使得杨朱赚了好大便宜，按照这个逻辑列举了一大串能大不能小的实例，不仅赢得了辩论，还顺便继续替自己吹嘘，俨然自己就是尧舜，是吞舟之鱼，是鸿鹄，是黄钟大吕。如果把这个错误前提纠正过来，那么治理天下和放羊不过就是两件不同的事，都是自然中的一例，你杨朱爱干啥干啥。偏偏梁王想不透，听他说治理天下好简单，就此受了刺激，挑起了一场血本无归的争辩。那么，你受刺激了吗？学会用自然的眼光去观察一切，可以少受很多不必要的刺激。

纪昌学射

【原典】

甘蝇，古之善射者，彀弓而兽伏鸟下。弟子名飞卫，学射于甘蝇，而巧过其师。纪昌者，又学射于飞卫。飞卫曰："尔先学不瞬，而后可言射矣。"纪昌归，偃卧其妻之机下，以目承牵挺。二年之后，虽锥末眦倒，而不瞬也。以告飞卫，飞卫曰："未也，必学视而后可。视小如大，视微如著，而后告我。"昌以氂悬虱于牖。南面而望之。旬日之间，浸大也；三年之后，如车轮焉。以睹余物，皆丘山也。乃以燕角之弧、朔蓬之簳射之，贯虱之心，而悬不绝。以告飞卫，飞卫高蹈拊膺曰："汝得之矣！"纪昌既尽卫之术，计天下之敌己者一人而已，乃谋杀飞卫。相遇于野，二人交射，中路矢锋相触，而坠于地，而尘不扬。飞卫之矢先穷，纪昌遗一矢，既发，飞卫以棘刺之端扦之，而无差焉。于是二子泣而投弓，相拜于涂，请为父子，克臂以誓，不得告术于人。

——《汤问》

【古句新解】

甘蝇是古代很会射箭的人，一张开弓，走兽便趴下，飞鸟便落地。有个弟子叫飞卫，向甘蝇学习射箭，技艺超过了他的老师。又有一个叫纪昌的人，向飞卫学习射箭。飞卫说："你先学习不眨眼的本领，然后才可以谈射箭的事。"纪昌回家后，仰卧在他妻子的织布机下，眼睛盯着上下不停移动的路板。两年以后，即使锥尖碰着眼眶，也不眨一眨眼。他把这个本领告诉了飞卫，飞卫说："不行，还必须学会看东西，然后才可以学射箭，看小东西能像看大东西一样，看细微的东西能像看显著的东西一样，然后再来告诉我。"于是纪昌用一根长毛系住一只虱子挂在窗子上，面朝南望这只虱子。十天之中，他所看到的虱子逐渐变大；到三年之后，看着就像车轮那么大了。再看别的东西，就都成了丘陵和高山。于是他用燕国的牛角装饰的弓、楚国的蓬草做的箭去射那只虱子，正好穿透了虱子的心脏，而挂虱子的长毛却没有断。他又把这个本领报告了飞卫，飞卫高兴地跳起来拍着他的胸脯说："你已经得到本领了！"纪昌完全学到了飞卫的技艺之后，心想天下能够和自己相敌的，只有飞卫一个人了，于是阴谋杀害飞卫，有一次在野外碰到了，两人互相射对方，箭头在半道相撞，坠落到地上，连尘土也没有被扬起来。飞卫的箭先射完了，纪昌还留下一支，他射出这支箭后，飞卫用一根木棍的尖端去抵挡，一点不差地挡住了箭。于是两人流着眼泪扔掉了弓，在路上互相跪拜，请求结为父子，并割臂发誓，不得把技巧传给他人。

自我品评

从这个故事中我们首先了解到如果要学习一种技艺，必须依照技艺要求严格练习。先练基本功，打好基础，按部就班，循序而进，从浅入深，踏踏实实，才能尽得其巧。常言道：台上一分钟，台下十年功。基本技能的训练，是最难最难，也最需要专注、意志和毅力的。很多人总说"简"，其实没有繁，何来简？没有最艰苦的基本技能训练，没有扎实的基本功，面对复杂的形势又用什么去"简化"呢？

故事同时还告诫人们，学习任何技术，需要自己有毅力，如果不肯勤学苦练，那么做什么也是难以成功的。学习一定要下苦功夫，扎扎实实地打好基础。在学习过程中要不怕苦、不怕累、不怕枯燥无味。学习要把基础打好，不要整天把时间用在学习的形式上，不要把时间浪费在部分难题上。真正的学问不是靠难题和形式主义能得到的。任何一种技艺，任何一种学问，都有它的深浅层次。要想深入进去，学到真正的本领，非一朝一夕的功夫可以达到。

从道家的思想上来说，会觉得纪昌"视小如大，视微如著"，把虮子看得如车轮一样大这些做法，有庄子书中所说的"天下莫大于秋毫之末"这样的意思？对此，列子在另一段文字中说得更清楚一些：

"江浦之间生麼虫，其名曰焦螟，群飞而集于蚊睫，弗相触也。栖宿去来，蚊弗觉也。离朱子羽方昼拭眦扬眉而望之，弗见其形；虻俞师旷方夜擿耳俯首而听之，弗闻其声。唯黄帝与容成子居空峒之上，同斋三月，心死形废；徐以神视，块然见之，若嵩山之阿；徐以气听，砰然闻之，若雷霆之声。"

这里说有一种小虫，能在蚊子的睫毛上住，就是离朱之类视力在2.0以上的人也看不见，师旷那样著名的耳聪者也听不见。但黄帝和容成子在崆峒山上心斋三月后，就看见它们如嵩山一样大，听它们的声音像雷声轰鸣。这似乎是道家内功达到一定境界的状态，又从一个侧面说明了道家中"小而不寡，大而不多，知量无穷"之类的思想。

从道家的观点来看，在众生身上存在的道理，在无生命的事物身上同样存在，不过不称为性情，而称为律数。人们在与这类事物接触的时候，必须遵循它们的律数。遵循事物的律数，不但可以成就事业，还可以创造出常人难以理解的奇迹来。违背了事物的律数，不但不能达到自己的预期目的，还有可能给自己带来灾难或危险。当然，要遵循事物的律数，离不开人的主观内省，要努力使自己的主观意境合于外界事物。在列子看来，成就事业是得之于外，内心与事物吻合是应之于内。内外相合，发生共鸣，则是人的主观愿望与外界事物融合为一的自然而然的境界。

第三章 物我两忘

——列子原来这样说修身

　　人生在世，个体的存在固然重要，但是没有自然、社会供我们以存在条件，个体是一刻也不能生存的。可见生命存在，必然要解决两个方面的问题，一个是己身的问题，另一个是人与自己所生存的环境关系问题，并且二者是紧密联系，无法截然分开的。可见，要求得当生的快乐，消除一切外在阻碍人身心逸乐的束缚也是必要的。列子认为只有人们保持虚静，在己身生存之所得到合适位置，和同于物，才可摆脱一切外在束缚。"静也虚也，得其居矣；取也与也，失其所矣"（《列子·天瑞》）。有"梁鸯养虎"之例，梁鸯所养虎狼鵰鸟无不驯服，雄雌在前，孳尾成群，异类杂居，不相搏噬。梁鸯与鸟兽相处的心得是："夫喜之复也必怒，怒之复也常喜，皆不中也。今吾心无逆顺者也，则鸟兽之视吾，犹其侪也"，足见顺物之性，视物如己，将会物我相谐。

列寇射箭

【原典】

列御寇为伯昏无人射，引之盈贯，措杯水其肘上，发之，镝矢复沓，方矢复寓。当是时也，犹像人也。伯昏无人曰："是射之射，非不射之射也。当与汝登高山，履危石，临百仞之渊，若能射乎?"于是无人遂登高山，履危石，临百仞之渊，背逡巡，足二分垂在外，揖御寇而进之。御寇伏地，汗流至踵。伯昏无人曰："夫至人者，上窥青天，下潜黄泉，挥斥八极，神气不变。今汝怵然有恂目之志，尔于中也殆矣夫!"

——《黄帝》

【古句新解】

列御寇为伯昏无人表演射箭，他拉满了弓弦，把装满水的杯子放在手肘上，射出箭去，后发的箭正中前一支箭的尾部，前一箭刚射出，后一箭已张弓上弦。在这个时候，他就如泥人木像般一动不动。伯昏无人说："你这是为了射箭而射箭，并非不为射箭而射箭。我要和你登上高山，走在摇晃的岩石上，面对万丈深渊，你还能射吗?"于是伯昏无人便登上高山，踏上摇晃的岩石，面对万丈深渊，背部已经无处可容，双脚已有两成悬空，向列御寇拱手作揖，请他过来。列御寇趴在地上，汗水流到了脚后跟。伯昏无人说："道行最深的人，上可窥

伺青天，下能潜入黄泉，在宇宙间纵横奔腾，精神元气都不会改变，现在你头晕目眩，心中恐惧，你还想再射中箭靶怕是不太可能了！"

自我品评

　　按照道家的说法，列子在射箭时有这个内外之分，虽然技法精湛，但那只算是"射之射"，只有连这内外之分都泯灭了，那才是最高境界"不射之射"。"不射之射"是道家比较喜欢用的一种构词法，跟"无为无不为"差不多，能找到相应感觉的读者并不费劲，要是光就语法结构死抠，那是无论如何会晕掉的。其实，在我们今天的语言中也保留着类似的现象，不过平时说话并未在意，到了道家这看似复杂的话题我们便想不起来可以互相比较来加以理解了。用现代的语言来说，伯昏无人的话是这样的：嗨！这射箭跟射箭不一样，你这就叫为了射箭而射箭，整个小技术。看咱们这个，那才叫境界！在语言使用上，古人今人怕是没有哪个更聪明，语言的作用本来有限，碰上说不明白的大家都少不得违反一下语法规则，你要是说"不射之射"不成话，那"射箭跟射箭不一样"同样不成话。至于我们听众的理解，把这句话解释清楚是一回事，是否理解其背后的意思又是一回事了。凡是话中故意违反语法常规或带有明显的逻辑矛盾，往往都是别有深意，所谓"不射之射"便是一个典型，不要指望什么人能够把它背后的深意说出来——要是能说，原作者早说了，何必非要用别别扭扭的词句，而且还塞进寓言、装进小说呢？我们能做的，只是描述一下感受和体会。

　　如果单就射箭一事而言，这"不射之射"不算太复杂，其实就是心无旁骛，把自己的全部精神都集中在射箭之事上。然而，这样的事做起来却不那么容易，关键在于人是活的，所有的感官时时刻刻都张开着、活动着，所谓全神贯注只是说说而已，你感觉到的声色香味能对你毫无作用？就算外界没什么信息传达给你，你的内心不免东想西想又能奈何?即便一个训练有素的人能够很好地控制自己，使之能拒绝外界干扰，依然会有不可思议的事情出现，奥运会上那个美国射击选手埃蒙斯自己也不知道为什么，总在最后一枪犯下不可理喻的错误。如果他自己认为当时是走神了或受了什么影响也许还有救，可是他不知道，事后也不知道。所以，这"不射之射"的境界远不是说来或想来那么容易达到的。

如果把这个道理扩充到其他更多的事上，情形还会更加复杂。当我们孤立地看待射箭一事，似乎它是一个射手的唯一，但现实中射箭和其他所有的事一样，只是一个人的一面，一个射手可能还有其他的工作，起码他还是儿子、父亲，还是一个活生生的人。有着不同的角色，便有着不同的得失利害，也就有了复杂的患得患失。患得患失是人的通病，这个寓言也很绝，直接来了一个终极考问，让伯昏无人把列子带到悬崖上，带到生命的边缘去射箭。这是寓言的一种夸张，而我们以此为据则可以想到很多不那么过分的现实，比如，射箭的时候你会不会想到亲人的期待、对手的眼神或者自己将如何面对成功失败?如果有，那就是患得患失，真把你带到生命的边缘，你一样会无处可逃地汗流浃背。现实中不管做什么都不太可能有人故意把你带到悬崖边，但只有在悬崖边依然故我的人才是真正能把事情做得了无遗憾的人。

能够达到这样境界的人被称为至人，对其描述照例又是玄玄乎乎的老一套，上天入地、水火不侵，这些东西看多了才知道语言真是不太够用的东西。不过，这种至人受到道家极大的推崇是可以肯定的。既然如此，是不是要达到这境界难比登天呢?恐怕不是。达到这种境界的常常只是很平凡的人，他们不过尽力去做好自己的那份事，就那么简单，就那么纯净。因为简单纯净，所以常常只是很平凡的人做到，而那些被认为不平凡的人在扰攘的名利得失中反而做不到。清代有个著名的大文人叫袁枚，名气很大，他的诗文在当时可谓一字千金。他生活在太平盛世的乾隆年间，成名很早，衣食无忧。袁枚主张写诗要写出个人的性灵，这就颇有几分道家的色彩。他自己也是个很率真的人，公开承认自己贪吃好色，他的生活中也从不缺少美女和美食。在他的文集中，甚至专门有一篇私人厨子王小余的传——那个年代文人替人作传要么是达官显贵、亲朋故旧，要么是为了宣传教化而为孝子烈女作传，冷不丁夹一个厨子实在有些怪异。然而就是这篇传记使得后人知道那时候还有这样一个神奇的厨师，深谙烹饪美食之道，能把袁枚这样顶级的老饕喂得心服口服。或许，在袁枚看来，王小余就是一个厨子中的"至人"，他把自己全部的心思和天分都用在了厨艺上，他既没有想过靠这个出名，也没想过以此养家糊口——尽管最终他确实达到了这些目的。后来袁枚还专门对王小余的儿子说：不要小看你父亲，他虽不是几品的大官而只是个小小的厨子，但他认认真真，把事情做得有声有色，比那些心不在焉的大官强得多。名利得失的纠缠，会耗费人们的精神，使本来能做好的事也做不好。于是，道家要你忘掉它。

九方皋相马

【原典】

秦穆公谓伯乐曰："子之年长矣,子姓有可使求马者乎?"伯乐对曰："良马可形容筋骨相也。天下之马者,若灭若没,若亡若失,若此者绝尘弭辙。臣之子皆下才也,可告以良马,不可告以天下之马也。臣有所与共担缨薪菜者,名九方皋,其于马非臣之下也,请见之。"穆公见之,使行求马。三月而反报曰:"已得之矣,在沙丘。"穆公曰:"何马也?"对曰:"牝而黄。"使人往取之,牡而骊。穆公不说。召伯乐而谓之曰:"败矣,子所使求马者!色物、牝牡尚弗能知,又何马之能知也?"伯乐喟然太息曰:"一至于此乎?是乃其所以千万臣而无数者也。若皋之所观,天机也,得其精而忘其粗,在其内而忘其外;见其所见,不见其所不见;视其所视,而遗其所不视。若皋之相者,乃有贵乎马者也。"马至,果天下之马也。

——《说符》

【古句新解】

秦穆公对伯乐说:"你的年纪大了,你家族中有可以让他去相马的吗?"伯乐回答说:"良马可以从形状、容貌、筋骨去辨别,至于天下之马,其特征恍恍惚惚,似有若无,像这样的马跑起来快到可以让人看不到扬起的尘土或留下的马蹄印。我的子侄都是下等人才,可以告诉他们什么叫良马，却没法教他们怎样相天下之马。我有个一起挑柴担菜的伙伴，叫九方皋，这个人相马的本领不在我之下，请您召见他。"穆公召见了他，让他外出求马。三个月后回报说："已经找到了，在沙丘。"穆公问："什么样的马？"回答道："母马，黄色。"穆公派人去取这匹马，结果却是一匹公马，黑色的。穆公不高兴了，召来伯乐并对他说："完了完了，你说让他去找马那位，彻底完蛋了！连颜色、公母都分不清，哪里能算是懂马的呢？"伯乐长叹了一口气说："竟然到了这种程度啊！这就是他比我强千万倍的原因啊！像九方皋这样观察的，是马的天机，得到了精华而忘掉了粗相，直奔了马的本质而忽略了其外表；见到了他所要见的，不去看他不需要见的；观察他所要观察的，道弃他不必观察的。像九方皋这样的相术，已经超越了马的价值而更加宝贵。"那匹马送到了，果然是一匹天下级的好马。

自我品评

智慧可以带来洞察力，相马如此，相人也是如此，如何看待万事万物都适用这个道理。中国人都知道字写得最好要数王羲之，可这位书圣的字大多数没有书法根基的人是不会看的，拿着《兰亭集序》只知道人云亦云地说好，但心底里终究觉得比颜真卿、柳公权的正楷差得远，完全没有端正平稳的意思。如果看不出王字的好，一般人也不愿以此去问人，即便肯放下架子虚心求教行家，多半也得不到有用的答案，大概总是告诉你"有神韵"之类的废话。这倒不是行家吝啬，实在是这东西说不得，粗浅的只会看字形，有了功力才知道看神气，就如俗话说的：外行看热闹，内行看门道。话说起来神神秘秘，事实又真是如此。看不懂书法的人或许精于别的门类，可能会看球赛、会看庄稼、会看股票行情甚至会看风水，不管你长于哪一项，反观那些菜鸟的愚昧，只能摇摇头不知如何跟他说才好。

凡事物的内涵都能分出不同层次，你对这事物越是熟悉、了解，你的目光穿透力也越强，通常并非是视野比别人宽广，只是内行更懂得如何去接受、反馈一些和深层内涵相关的信息罢了。就说书法，一般人的概念里只有对楷书笔画和间架的审美指标（对汉字一窍不通的老外可能连这都没有），到了行草作品，需要用动态的、整体的眼光去审视运笔的疾徐、全篇的布局之类，那就力不能胜了——不是看不到，而是看到了也忽略掉了，因为不明白个中奥妙，不晓得如何去体会。

九方皋的相马故事也是同样的道理，马的颜色和公母是一般人首先关注的基础信息，在生活化、实用化的场景中这些基础信息是重要的，也是足够用了的，但九方皋恰恰把这些信息搞错了。为什么？我们是不是可以由此推论九方皋连入门级都不够呢？如果九方皋是马夫，那可以这么说，但现在他的工作不是马夫，而是相马者，他的任务并非生活化、实用化的，他要找万里挑一的神奇骏马，这和马的毛色、公母没有任何必然联系，所以他把这些次要信息忽略了，也可以通俗地说，他把这些没用的细节"忘"了。这里的关系只有精于相马术的伯乐明白，外行如秦穆公就不清楚了。

这个寓言所道出的深层内涵，更多地可以运用到一些灵活而复杂的事务之中，譬如说相人。相马在当今是难得的需求了，但相人恐怕是永久性的需要，它们都有一个"相"字，其中的相似之处也很多。无论古今，用人总是一个令领导者头痛的问题，道理谁都会说：用人要用其所长，不要过分关注他的性格、出身、嗜好之类和发挥才能关系不大的因素，甚至人们常常会讨论在缺乏德才兼备的人才时，究竟应该先考虑德还是先考虑才。如果你曾经关心过这一类话题，不知是否曾经发现，所有的经验之谈都只告诉我们，那些善于用人的明君贤臣如何忽略、包容了人才的短处，就像相马的故事只告诉我们九方皋忽略了毛色和公母。然而，没有哪个故事能够清晰地归纳出如何在第一时间准确捕捉到人或马的根本优点，而恰恰这才是使我们能成为用人专家、相马高手的关键所在。为什么？难道是先贤先哲不约而同地在跟我们开玩笑，一个劲告诉我们不要关注什么，却就是不说应该关注什么？

刚才我们说了，现在讨论的是灵活而复杂的事务。所谓灵活，就是多样的、动态的、难以重复的。比如你要去找一匹千里马，那么所面对的是各不相同的成千上万匹马，绝不是在马和牛之间做选择。同时，每一匹马都是活的，不能单以某些外观指标来定义，而且今天或许精神健旺，明天可能伤风感冒。如此毫无头绪，不如我们做个实验吧。让马来一次长跑比赛，择优录取——那可就又错了，你可以让它们现在比赛，但马都是动态的，明天再来一次比赛，排名先后会面目全非，也就是说这个实验是不可重复的，它们的成绩排名也就不能用来证明什么。如果是让它们长期地进行比赛，犹如现代体育中的职业联赛，通过几个赛季，或许真能找到好马，可要是那样，还要你相马的干什么？那么，联想一下，相人不也是如此吗？你没有心得，没有经验，没有方法，就是胡乱用人，也总有个别用对的，那叫瞎撞。可是像刘邦这样重要人物几乎用一个对一个，我们就不该只相信运气了吧？看看他手下这批活宝，张良、韩信、萧何、陈平，没发迹之前一个比一个差劲，照一般人的指标不把他们看作人渣就不错了，那就只能说刘邦独具慧眼。可这慧眼是什么？对不起，因为是灵活的事，即便重金请来刘邦先生作三天讲座也必然说不清，他只能谈谈那些你已经从司马迁那里听腻了的——张良像女人没关系，韩信钻裤裆不要紧……

说到这里，应该可以做一番归纳了：有些事是灵活而复杂的，要做得极好需要天赋、感觉、经验或其他一些用语言说不明白的东西，如果这一切都不具备，那么必然用死板而简单的办法去应对，做出来的结果当然一塌糊涂。希望所有人都能把这种事做好不太可能，因为事情本身说不明白，所以就退一步告诉你死板地做是错的：相马只知道看颜色是错的，相人只知道看出身是错的，鉴赏书法只知道看横平竖直是错的。

呆若木鸡

【原典】

纪渻子为周宣王养斗鸡。十日而问："鸡可斗巳乎?"曰："未也。方虚骄而恃气。"十日又问。曰："未也。犹应影向。"十日又问。曰："未也。犹疾视而盛气。"十日又问。曰："几矣。鸡虽有鸣者,巳无变矣。望之似木鸡矣。其德全矣。异鸡无敢应者,反走耳。"

——《黄帝》

【古句新解】

纪渻子为周宣王驯养斗鸡。十天之后,周宣王问："鸡可以斗了吗?"回答说："不行。还只是仗着意气盲目骄傲。"过了十天又问。回答说："不行。对外界的影像和声音还有反应。"过了十天又问。回答说："不行。眼光还太迅急,气势太盛。"过了十天又问。回答说:"差不多了。别的鸡大叫,它也没什么变动。看上去像个木鸡了。它的德已经完整了。别的鸡没有敢应战的,只有转身逃跑罢了。"

自我品评

这故事给我们留下一个成语:呆若木鸡。在现在的文章中这个词出现的频率仍然很高,不过一般来说多少带点贬义,通常说人被吓傻了，或者本来就傻乎乎的，反正夸人不能用这个词。不过，当我们反观这个成语的源头，却会发现这原本是一个十足的褒义词。这一类词语变异的怪事本不罕见，只是以我们现代人的观念横竖想就是想不出傻乎乎有什么可取之处。

那么，什么叫傻？多年以前，有一部风靡一时的日本电影《追捕》，故事讲述检察官杜丘陷入一个巨大的阴谋，遭人陷害，他只身逃亡，等找到唯一能证明他清白的证人横路敬二时，却发现他已经被一个叫堂塔的医生用药物变成了痴呆人。正是这种药物，曾经造成了很多人自杀的假象，而堂塔也试图将这种药物用于杜丘，并如法炮制使其自杀。在高楼的顶端，堂塔如以往一样指挥着看似已经失去自我意识的杜丘，著名配音演员邱岳峰以富于磁性的嗓音演绎了一段让很多人难以忘记的台词：杜丘，你看——多么蓝的天哪，走过去，你可以溶化在那蓝天里，一直走，不要朝两边看。因为剧情的需要，这部影片里很是出现了几个傻子，当然，主人公杜丘是一度装傻。影片在中国公映之后，社会上有一段时间骂人傻子的流行语就是横路敬二。一部流行电影生成一则流行语是在特定的时间发生的特定现象，但横路敬二这个戏份极少的小人物被广泛用作傻子的代名词，至少说明这个人具备了人们固有观念中傻子的基本特征。归纳起来说，失常之后的横路敬二基本特征有两个，一是迟钝，动作缓慢，记忆消失，两眼无神；二是不知利害，让他跳楼都照做不误。把二者联系起来看，横路敬二和这个木鸡如此相似，那么，那个造就横路敬二的堂塔医生不也和纪渻子是同样的角色了吗？然而，《追捕》中的堂塔是一个反面人物，一个十足的恶魔医生，纪渻子却是一个高明的金牌教练，这样截然不同的价值取向又说明什么？那还得从什么是傻说起。堂塔医生曾经不无炫耀地这样描述横路敬二：真是幸福的人啊！过去看见的听见的事，人的欲望野心和反抗心理全忘记了，正在欢度他的余生……在影片里看，堂塔的话充满着邪恶，但在道家思想里，这样的感受不无道理。如果脱离影片中具体的事件和环境，道家确实认为人的欲望野心和反抗心理就是人类痛苦的根源，而且，道家也不仅局限于对人类欲望太盛的排斥，他们更多的是关心作为自然万有之一的人应该如何提高自身生命的境界。一个生命就是一个小小的系统，它自有其存在发展的机理和能量代谢的方式，这很有点像现代人的全息理论。一个健康的生命系统应该是平衡的、自足的，也只有如此它才能真正抵御各种侵害。

道家最关注生命系统中固有的能量，它没有一个具体规范的名称，有时称精神，有时称德、称气，它也没有具体的形态、无法准确观察测量，只能通过某种现象去感知，这些现象通常是人们的各种活动或可见的某种状态，比如劳作、说话或颇具气势的眼神。

这种能量的产生、积聚都是非常不易的过程，但人们往往并不珍惜它，宝贵的精力耗费在毫无意义的事上，为了欲望，去聚敛财富、攫取权力，无所不用其极，随之而来的必定是生命的黯淡与枯竭。还记得吗，喝醉的人从车上摔下来也不会受伤，那是因为他"神全"，而木讷呆滞的鸡能够百战百胜，那是因为它"德全"。无论叫做神还是叫做德，大体都是在说生命的那种能量。按照自然的法则，这能量应该用于养生——养生，除了保有、保养生命之外，同时还有提高、升华生命品质的含义。其实，只要按照最原始的本能去做，这是最容易做到的，但七情六欲使人无法不产生偏差：清醒的人从车上掉下来，惊恐会给他带来偏差；英武神勇的斗鸡，眼神似乎就能杀死对手，但这也是它的偏差。无论以何种方式不恰当地使用了自己的能量，生命就犹如一个漏气的气球，不会再那么圆满，并且很快将面临枯竭的危险。试问，不再圆满的生命，能是胜者吗？

由此，一个看似怪异的结论诞生了：呆若木鸡才是斗鸡的化境，因为它已经没有一丝泄漏自身能量的地方，而我们平素热衷的斗鸡凶狠的眼神、优雅的步态、嘹亮的啼鸣等等，这一切表现本都是用它生命的能量化来的。道理很简单，健壮的斗鸡的确有着非凡的天赋，但是记住一点——漏气的大气球终究会不如不漏气的小气球，纪渻子就是本着这样的观念驯养他的鸡，而道家也正是本着这样的观念影响着一代又一代的人。鸡相对于人来说，总还算是无知无欲的，如果鸡尚有如此之多的"走气"之处，那么人呢？

再来看看堂塔医生那邪恶的话语：真是幸福的人啊！过去看见的听见的事，人的欲望野心和反抗心理全忘记了，正在欢度他的余生……现实中，道家不会真的认同堂塔那样去戕害生命，因为他做的一切努力也都是为了他自己的欲望和野心。然而不幸的是，堂塔把道家的理论借来用了，他完美地为自己找到了一个理由，使他可以堂而皇之地抹去横路敬二等人的记忆和意识，使之忘记过去、忘记一切，以粗暴的方式对待生命，这绝不是堂塔的发明，却是道家理论家们很难预料也很难回避的副作用之一。虽然他们早就知道窃国者诸侯，窃钩者诛，但是，当他们自身的理论被人拿去蛮不讲理地滥用，那一样也是无可奈何的事情。有时候，道家发现问题的能力奇强，可以毫不留情地直指一个现象的本质，但在现实中如何处置运用就并非其强项了。

列子拜师

【原典】

列子师老商氏，友伯高子，进二子之道，乘风而归。尹生闻之，从列子居，数月不省舍。因间请蕲其术者，十反而十不告。尹生怼而请辞，列子又不命。尹生退。数月，意不已，又往从之。列子曰："汝何去来之频？"尹生曰："曩章戴有请于子，子不我告，固有憾于子。今复脱然，是以又来。"列子曰："曩吾以汝为达，今汝之鄙至此乎？姬！将告汝所学于夫子者矣。自吾之事夫子友若人也，三年之后，心不敢念是非，口不敢言利害，始得夫子一眄而已。五年之后，心庚念是非，口庚言利害，夫子始一解颜而笑。七年之后，从心之所念，庚无是非；从口之所言，庚无利害，夫子始一引吾并席而坐。九年之后，横心之所念，横口之所言，亦不知我之是非利害欤，亦不知彼之是非利害欤；亦不知夫子之为我师，若人之为我友：内外进矣。而后眼如耳，耳如鼻，鼻如口，无不同也。心凝形释，骨肉都融；不觉形之所倚，足之所履，随风东西，犹木叶干壳。竟不知风乘我邪？我乘风乎？今汝居先生之门，曾未浃时，而怼憾者再三。汝之片体将气所不受，汝之一节将地所不载。履虚乘风，其可几乎？"尹生甚怍，屏息良久，不敢复言。

——《黄帝》

【古句新解】

列子拜老商氏为师，以伯高子为友，把两人的本领都学到了，然后乘风而归。尹生听说了，便来和列子住到一起，好几个月都不回家看望。他找机会请求列子教他法术，重复了十次，列子都没有告诉他。尹生生气了，请求离开，列子也不表态。尹生走了。几个月后，尹生不死心，又去跟列子住到一起。列子说："你怎么来来去去那么频繁呢？"尹生说："以前章戴向您请教，您没告诉我，所以有些怨恨。现在想开了，所以又来了。"列子说："过去我认为你很豁达，现在你的浅薄竟到了如此地步吗？坐下！我要告诉你我在老师那里学来的。自从我拜老商氏为师、以伯高子为友，三年以后，做到心中不敢计较是非，口中不敢谈论利害，这样才得老师瞥了我一眼而已。到了五年之后，心中又计较是非，口中又谈论利害，这样老师才开颜一笑。到了七年之后，我放任心思去计较，也并没有什么是非；放任口舌去谈论，也并没有什么利害，这样老师才拉我和他在一张席子上坐了坐。直到九年之后，我再任由心思计较、口舌谈论，已经分不清那些是非利害究竟是对我来说，还是对别人来说的，同样也分不清老商氏是我的老师、伯高子是我的朋友：内与外的界限已经彻底融化了。从此以后，眼睛就像耳朵一样，耳朵就像鼻子一样，鼻子就像嘴一样，都没有什么不同了。心神凝聚，形体化解，骨肉消融；感觉不到身体有什么倚靠，脚下有什么踩踏，随风飘荡，就像枯叶空壳，终于不知道是风驾驭着我还是我驾驭着风！现在你在老师的门下还没多少时间，怨恨倒有过了好几次。你肌体哪怕小小一片也不会被虚空之气接受，你的一股一节也无法为大地所承载。脚踏虚空，乘风而行，可能办得到吗？"尹生非常惭愧，屏住气息好长时间，再也不敢说什么。

自我品评

道家常常会说到忘，这种人们常常无心犯的错，突然要当作正经事来做却并不简单。比如单说忘却是非利害，并且将此看作是求道的基本条件之一，这就未免令许多人感到困惑了。难道寻求大道本身不在是非利害的范围之内？这样的问题历来存在，在喧嚣的尘俗生活中，是非利害无处不在，人们往往没有时间、没有心思对之一一加以分辨，总是不由自主地随波逐流。今天的世界越发缤纷多彩，这个问题也就显得更加突出，很多人实际上并无心思去体会道家在说什么，只是依稀听说道家是洒脱而轻松的，道家是智慧而飘逸的，为了自己的形象，为了自己的前途，也为了自己的疲惫，应该找来读一读。这样的求道之法，先坐了"不着道"的过错！当然，这副样子不是现代人才有，列子碰到的尹生也是这么一路——为利求道。

列子的御风而行不知道是个什么套路，有人说是列子专用的一个标志性符号，无非就是"得道者"的表现，如其他人那种水火不侵、刀枪不入，不过列子专用这个御风而行罢了。道家的理论站得比较高，声称与自然融为一体方是道，于是从理论上说，人真的得道便应该和水火风土都没有一丝隔阂，随之移动、不为所伤也是必然的。然而这话是从理论上说，姑且不争这理论的对错，就算真是这个道理，每个人还要掂量掂量是否能做到——你能真的一点不留地忘记自己是个肉眼凡胎的人而去做什么水火风土？不行。好，既然不行，那你就免不了淹死、烧死，也别想着腾云驾雾了。同时，也要知道你为了避免淹死、烧死或者为了走路更加神速而去求道，那是天底下最糟糕的决定，是一个十足的悖论。得道者是做到了与自然融为一体，彻底忘却了自己是个人，而既然是想着避免淹死、避免烧死，想着如何能日行千里，那不仅没有忘掉自己是人，反而更加强化了这一点，以这样一种念念不忘自己是人的心态去求道，那不是南辕北辙又是什么？

退一步说，现实中的男男女女并不奢望御风而行，现代人有飞机可坐，对此更是不屑一顾，他们绝不是羡慕道家的聪明与潇洒，什么事每每都能想得开，放得下，不像我们的生活工作那样紧张忙碌，这多好啊！好是好，同样看你是不是做得到。曾有一首流行歌曲唱道：每一个早晨/在浴室的镜子前却发现自己活在剃刀边缘/在钢筋水泥的丛林里/在呼来唤去的生涯里/计算着梦想和现实之间的差距。

很不幸，我们生活在一张充满着是非与利害的网中，牵一发而动全身，为情所困的人想忘却忘不掉一个人，为钱所扰的人想忘却忘不掉一个钱，以此类推，我们自己可以罗列一下到底有多少是该忘、想忘却忘不了的。所谓是非，就是你心中那些冠冕堂皇的理由，听起来振振有词甚至大义凛然，对人对己都不妨声称这是我必须做的；所谓利害，就是那些理由未必好听却由衷地想做的，你会很无奈地对人说，没办法，我不想做可也总得做。是非总是强迫你，利害总是诱惑你，是谁在强迫、诱惑你？你说是环境，那只是一个折射的投影，真正的幕后操纵者恐怕还是自己。大多数人就是在被强迫与被诱惑之间草草一生，不要做得太糟总会有所得，但那不是传说中的潇洒智慧的道。

人往往就是这么昏聩，为了以腾云驾雾替代走路去学道固然是昏，为了潇洒轻松地生活去学道何尝不是现代版的昏？自己想要的究竟是什么都没搞清楚，便匆匆下手，能得到什么结果可想而知。列子一番话能开导尹生，令其面现愧色，不敢再说什么，那也只是寓言中一相情愿的安排，真正发了昏的人哪里是那么容易醒悟的？若真有这么简单的振聋发聩的法门，世上又何来那许多懵懵懂懂的缘木求鱼者？

仲尼适楚

【原典】

仲尼适楚，出于林中，见痀偻者承蜩，犹掇之也。仲尼曰："子巧乎!有道邪?"曰："我有道也。五六月，累丸二而不坠，则失者锱铢；累三而不坠，则失者十一；累五而不坠，犹掇之也。吾处也，若橛株驹；吾执臂若槁木之枝。虽天地之大，万物之多，而唯蜩翼之知。吾不反不侧，不以万物易蜩之翼，何为而不得?"孔子顾谓弟子曰："用志不分，乃凝于神。其痀偻丈人之谓乎!"丈人曰："汝逢衣徒也，亦何知问是乎?修汝所以，而后载言其上。"

——《黄帝》

【古句新解】

孔子到楚国去，经过一片树林，看见一个驼背人在粘蝉，就像捡东西一样容易。孔子说："您真是手巧啊!有道术吗?"那人答道："我有道术。经过五六个月的训练，我把两个泥丸摞在竹竿头上可以不掉下来，粘蝉失手的次数就很少了；摞三个而不掉下来，失手的几率就只有十分之一了；摞五个而不掉下来，粘蝉就像捡东西一样了。我站在地上，像折断的树桩；我伸出手臂，像枯槁的树枝。即使天地很大，万物很多，我知道的也只有蝉的翅膀。我不改变固有的意念，不用任何事物替代我对蝉的翅膀的注意，有什么理由粘不到蝉呢?"孔子

回头对弟子说："心志专一而不分散，就会几近神妙境界。这大概就是说这位驼背老人吧！"老人说："你是个穿儒服的家伙，怎么想起来问这个呢？好好修行你们自己那一套，然后再把我的话记在你们的书上吧。"

自我品评

在道家的寓言里，残疾人、弱智者的形象比较多，比如《庄子》中的支离疏、哀骀它，而这个佝偻者的故事也是从《庄子》里搬来的。这样一种做法当然跟道家的思想有关，道家最反感的是人们小聪明太多，什么都想找捷径或一劳永逸的办法，而事实上许多事没有捷径，麻烦也不可能彻底消除，耐心地慢慢磨是唯一的办法，这就是自然，是道的一种体现，可惜这样的人总被看作傻子。于是道家索性把傻子拿来做楷模，对他们大加表彰，隐含着的潜台词就是：做人，傻一点不吃亏的。相比之下，儒家学说也主张做事要基础扎实，要下死功夫，但儒家比较喜欢从人心人性的源头着手，他们把许多事制定成守则或操作规范，称之为道德、仁义或修行，要人们遵照这样的章程去做，可以不明白为什么要如此，只要先听话去做就是了，做久了一切习惯成自然，不明白的也明白了。

这本是对同一个问题的两个不同的视角，无所谓谁对谁错，先辈们为此争论，我们则应该平心看待才是正道。道家的追求本于自然，他们相信天地万物固有其道，不相信用人力的组织、安排、协调可以改良包括人类社会在内的一切。因此，道家常常表现出一种无政府倾向，他们总觉得人类有组织的、处心积虑的安排不仅于事无补，反而会坏事。即便是小到一个人的成长和完善，本应该是从属于自然规律的事，那么就没有什么别出心裁的办法和诀窍，你要学什么功夫便老老实实练，一加一等于二，二加一等于三，练出多少级层的功夫也都是这么一点点累积而得。像儒家那样就不老实，总要动点小脑筋，借助人群的力量去搞什么教化，树立那些仁义礼智的观念让大家都去追求。这种跟风似的追求能有多大用处，道家很怀疑；而且，你给了他追求目标的同时，也给了他一个错误的方式：有所求。

人有所求不好吗？没错，道家就这么认为，虽然他们自己也有所求，特别是在现实生活中，尽管我们早已没有老子、庄子等人的原始生活记录，但相信他们一定是有所追求的。至于他们的主张，则全然是一副无欲无求的样子，用庄子的话说，巧者劳而智者忧，无能者无所求，蔬食而遨游，泛若不系之舟。而儒家对生活、对社会的打理方式，简直就是东漏西补，疲于奔命，完全是愚蠢的行为。于是，有了这样的寓言，一种神乎其神的绝技——虽然看似并无多大实用价值，却不得不说很神奇，要达到神奇的途径就是天下最笨的办法。并且，这样的寓言常少不了要出现孔子或他的弟子，要让这些儒家人来接受教育，要让他们知道孜孜以求的理想虽好，但是方法不对路——这不是靠求能得到的，越是卖力地求，可能离目标越远。儒家希望人类生活得更安详、更健康，他们的做法却是给人们规定了许多必做的功课、必用的饮食，每种做法都可能在现实中产生意外、曲解，为此又要不断地加以修补、改正，这是一条无休无止的痛苦跑道，而且很难真正达到目标。道家以为，人类本来就应该安详而健康地生活，有做错的事，有吃错的东西，那也都是自然，人们又自然而然地会去加以调节。偏有那些聪明人跳出来，大惊小怪地去"解决问题"，结果本来会不了之的小事就被做成难以收拾的大麻烦了。

我们现在读道家的书，所以从道家的角度来演说他们对儒家的批驳和反感，听起来多少觉得有点道理，但必须知道这样的问题本不可究诘孰是孰非，因为日后去读儒家的书时就要站在儒家的立场看待他们对道家的反驳。在我们做一个读者的本分，首先要关注的是书中内容的价值所在，而不是它的偏颇和罅漏。尽力从作品的正面去解读原文，永远是一个读者应该做的，把这一点做到之后才能进而讨论如何去接受或抵制。

　　道家思想的形成，或许与其代表人物的社会地位有一定的联系，尽管我们很难判断某个具体的道家人物到底生活在什么样的轨迹之上，但很明显道家的思想表现出一种自下而上的姿态，即站在平民的立场之上。或许道家人物本来就来自社会底层，或许他们的性格中不喜欢权力，也或许出于其他一些原因，但总之道家流传至今的言论很多是不支持权力的。道家质疑权力的理由并非建立在公平与否的基础上。而是认为以权力操纵的模式去有意安排人们做这做那并不理智，人的选择有对有错，自然的选择有对无错，一定要以人的小聪明去替代自然是不智之举，况且以权力来操纵相当数量的人集体从事某种做法，犯起错误来损害也会非常之大。而儒家恰恰是坚信权力可以用来造福人类的，他们虽然未必都是现实中的行政长官，却一代又一代为权力的良性运作出谋划策，他们的梦想就是人类可以拥有一种完美的权力运作模式，这样就能集中所有人的力量来为所有的人谋福祉。对此，道家常常只说：忘了你们那些不切实际的想法吧，你看，我们只要老老实实，一加一等于二，二加一等于三，坚持不懈，成千成万也都是这样……

薛谭学艺

【原典】

薛谭学讴于秦青，未穷青之技，自谓尽之，遂辞归。秦青弗止，饯于郊衢，抚节悲歌，声振林木，响遏行云。薛谭乃谢求反，终身不敢言归。秦青顾谓其友曰："昔韩娥东之齐，匮粮，过雍门，鬻歌假食。既去而余音绕梁欐，三日不绝，左右以其人弗去。过逆旅，逆旅人辱之。韩娥因曼声哀哭，一里老幼悲愁，垂涕相对，三日不食。遽而追之，娥还，复为曼声长歌，一里老幼喜跃抃舞，弗能自禁，忘向之悲也。乃厚赂发之。故雍门之人至今善歌哭，放娥之遗声。"

——《汤问》

【古句新释】

薛谭跟秦青学习唱歌，还没有把秦青的技艺全学到，自认为已经学完了，于是告辞回家。秦青也不阻止，在郊外的大路边为他饯行，击节悲歌，声音振动了树林，嘹亮的回响阻挡了天上的行云。薛谭于是道歉并请求返回继续学习，终身不敢再提起回家的事。秦青曾对他的朋友说："过去韩娥往东到齐国去，粮食吃完了，经过雍门时便依靠卖唱来维持生活。她走了以后，歌声的余音还在屋梁间回荡，三天没有停止，附近的人还以为她没有离开。韩娥经过旅馆时，旅馆里的人侮辱了她。于是韩娥拖长了声音悲哀地哭泣，周围一里以内的老人和小孩也都随之悲哀忧愁，相对流泪，三天没有吃饭。旅馆里的人急忙追赶她，向她赔礼道歉，韩娥回来后，又拖长了声音长时间地唱歌，周围一里之内的老人和小孩也都欢喜雀跃地拍着手跳起舞来，谁也不能自己停下来，都忘记了刚才的悲哀。然后给她很多钱财送她回家去。所以雍门附近的人直到现在还喜欢唱歌和悲哭，那是在模仿韩娥留下来的声音啊!"

自我品评

薛谭学艺在故事结构中只是一个辅助元素，整篇的侧重点却放在了借秦青之口道出的韩娥歌唱技艺之妙。说到底，这是两个没多少关联的事件，放在一起只是因为都在说唱歌的技艺之高，纯粹是记载奇闻轶事的小随笔，完全不是道家著作的风格。现在我们把它选进来作为一个范例，是取它的两个长处：第一，这个故事为今人熟知，即便不完全遵循其原意，至少还保留了两个常用的成语；第二，仔细品味这个故事的某些细节的确也能和道家的思想有所契合。而后者或许也正是它被选入《列子》的原因。留心一下这一段的原文，我们不难发现两个我们非常熟悉的成语：响遏行云、余音绕梁 (绕梁三日)。人类真正学会准确地保存、传达声音信息，那是近一二百年的事，在更早的年代里，要想说明一种声音的具体状况是十分困难的事，所以历来对美妙乐音的描述都不免单纯从主观感受出发，比如孔子说的三月不知肉味，那就是听了韶乐之后产生的奇特效果。然而，这样的说法对于那些没有足够音乐细胞的人来说是十分费解的，而三月不知肉味的结果也完全有可能由各种其他的不同原因产生。但是，看不见摸不着的声音究竟应该如何描述呢？这便有了修辞学上所谓的通感。人有各种感觉，如视觉、嗅觉、听觉、味觉、触觉等，其中用文字描述使人能感同身受，相对最方便的要数视觉感受，于是，人们便想出在描写气味、声音等非视觉效果的时候将其转化为可视的形象加以描述，也就是将本属于不同感觉系统的内容互相沟通，这便是通感。响遏行云，是说声音嘹亮高亢，谁都知道音高的高和空间位置的高是两回事，但这里不妨通融一下，反倒成就了一个十分形象的描述。余音绕梁也是如此，袅袅的香烟令人觉得有美感，那这声音之美也一样，美感一样，是否真个看得见就不重要了。类似的手法后来变得十分常用，在文字描摹声音的诸种方法中，这大概要算是最普遍的了。

与道家思想颇为契合的细节，是说韩娥的美妙歌声左右人们的情感，先是悲戚哀伤，继而浑然忘记了先前的情绪，转而成为欢喜雀跃。仔细想想，一群人的情感被如此任意左右，固然是歌唱的技艺炉火纯青所致，但这技艺的背后，其操纵者韩娥若不以全部的身心去投入歌唱，恐怕再精湛的技艺也不能充分展现这样的神奇。韩娥先前的悲戚有其缘故，可谓由事生悲，触景伤情，但是如此的伤痛怎么就一下子来了个一百八十度大转弯说变就变了呢？这个韩娥究竟是什么样的心理造诣啊！说到这里，很多人可能又想起一个成语，太上忘情。这四个字的确常有人用，也的确是道家的一种观念，但著名的道家著作中却并未见这四个字连用。类似的意思出现在《世说新语》中记载的王戎的一句话："圣人忘情，最下不及情；情之所钟，正在我辈！"大意是说，真正有智慧的圣人能够忘情，真正傻到根儿的愚人根本就没有情，像我们这种上不及圣人下不至愚蒙的，那就只好做多情种子了。太上，本是《老子》中用过的一个词，后来道教人物很喜欢这两个字，他们的各种神灵封号前面多冠以"太上"，我们熟悉的老子在民间也称之为太上老君。不知道是什么人把王戎的话改了改，就成了太上忘情（更奇怪的是居然还有人接出来下句：太下不及情——啥叫太下呢？）这样的所谓成语。这四个字的来龙去脉可能无法追究了，但可以肯定的是这个说法和道家的主旨并不冲突，道家确实是欣赏"忘情"的。当然，我们现在用这四个字的多半是失意者、失恋者，喊两句"太上忘情"权作无奈之下的发泄和自我安慰罢了。道家说的忘情却并非无情，更不是绝情，而是一种生命的境界。人生而有情，这是自然，道家决不会去试图扭转或消灭它，只是感情这东西管理不善或听之任之会产生巨大的害处，像什么"恸哭六军俱缟素，冲冠一怒为红颜"，或者"春宵苦短日高起，从此君王不早朝"，闯大祸、犯愚蠢错误的往往都少不了一个情字作祟。这情既然铲除不得，又需提防它泛滥作乱，究竟如何处置才是呢？道家说：忘了它！于是，有了忘情一说。

如果死抠字眼，情和其他许多记忆一样，怎一个忘字了得：准确地说，情不是说忘就能忘的，但你可以忽视它，可以不投入、不被它左右。情是自然的，该喜的时候喜，该悲的时候悲，悲喜之后及时跳出来，莫要沉溺其间不能自拔，这至少已经是接近于大道了。

黄帝梦游

【原典】

黄帝即位十有五年，喜天下戴己，养正命，娱耳目，供鼻口，焦然肤色皯黣，昏然五情爽惑。又十有五年，忧天下之不治，竭聪明，尽智力，营百姓，焦然肌色皯黣，昏然五情爽惑。黄帝乃喟然赞曰："朕之过淫矣。养一己其患如此，治万物其患如此。"于是放万机，舍宫寝，去直侍，彻钟悬，减厨膳，退而闲居大庭之馆，斋心服形，三月不亲政事。昼寝而梦，游于华胥氏之国。华胥氏之国在弇州之西，台州之北，不知斯齐国几千万里，盖非舟车足力之所及，神游而已。其国无师长，自然而已。其民无嗜欲，自然而已。不知乐生，不知恶死，故无夭殇；不知亲己，不知疏物，故无爱憎；不知背逆，不知向顺，故无利害。都无所爱惜，都无所畏忌。入水不溺，入火不热。斫挞无伤痛，指擿无痟痒。乘空如履实，寝虚若处床。云雾不硋其视，雷霆不乱其听，美恶不滑其心，山谷不踬其步，神行而已。黄帝既寤，怡然自得，召天老、力牧、太山稽，告之曰："朕闲居三月，斋心服形，思有以养身治物之道，弗获其术。疲而睡，所梦若此。今知至道不可以情求矣。朕知之矣！朕得之矣！而不能以告若矣。"又二十有八年，天下大治，几若华胥氏之国，而帝登假。百姓号之，二百余年不辍。

——《黄帝》

【古句新解】

黄帝即位十五年，见天下百姓拥戴自己而十分高兴，于是就保养身体，娱悦耳目，供养鼻口，然而却肌肤焦枯，面色黧黑，头脑昏乱，精神恍惚。又过了十五年，忧虑天下得不到治理，竭尽精力，大量投入智慧和体力去治理百姓，依然是肌肤焦枯，面色黧黑，头脑昏乱，精神恍惚。黄帝长叹道："我的错误太深了。保养自己出的毛病是这样，治理万物出的毛病也是这样。"于是他放下了纷繁的事务，离开了宫殿寝室，取消了值班侍卫，撤掉了钟鼓乐器，削减了酒宴膳食，独自退居于外庭的馆舍，清除杂念，服气吐纳，三个月不过问政事。一天，他白天睡觉时做梦，游历到华胥氏之国。华胥氏之国在弇州的西方，台州的北方，不知离齐国有几千万里，并不是乘船、坐车或步行所能到达的，只不过是精神游历罢了。那个国家没有官长，一切都听其自然而已。那里的百姓没有嗜好和欲望，一切都听其自然而已。他们不知道生存是快乐的，也不知道死亡是可恶的，因而没有人会夭折；他们不知道亲近自己，也不知道疏远外物，因而没有爱憎的观念；不知道背叛忤逆，也不知道归附顺从，因而没有利害的观念。对一切没有爱惜，对一切没有畏忌。到水中不会淹死，到火里不会烧坏。刀砍鞭挞没有伤痛，指甲抓挠也不觉痛痒。升到半空就如脚踩实地，凌虚而卧就如安睡大床。云雾不能阻碍他们的视线，雷霆不能搅乱他们的听觉，美丑不能干扰他们的心境，山谷不能阻挡他们的脚步，只是凭精神运行而已。黄帝醒来后，觉得十分愉快和满足，于是找来天老、力牧和太山稽三个重臣，告诉他们说："我独居了三个月，清除杂念，服气吐纳，想得到保养身心和治理万物的方法，却没有得到。后来疲倦了，睡了一觉，做了这样一个梦。现在我知道大道是不能用思想语言去追求的。我明白了！我得到了！却无法用语言来告诉你们。"又过了二十八年，天下大治，几乎和华胥氏之国一样，而黄帝却升天了。老百姓悲痛豪哭，二百多年也没有中断。

自我品评

道家最看不惯的是人的小聪明，他们把小聪明和生命的健康对立起来。一般人至多只看到吃得太好、穿得太暖、酒色过度之类是有害于健康的，但道家却把过度消耗心智也看作是同样的行为。寓言中的黄帝却是和诸葛亮相反的人生，由儒家的面目投入道家的潇洒。勤政爱民，操劳国事，那是儒家最推崇的明君圣主形象；被道家说来，那是没开窍。黄帝做了华胥一梦——或许算得上是非常古老的直观教学法，于是，他就开窍了，原来天下可以如此治理，不要跟着层出不穷的事情跑，主动去斩断各种纷繁事务产生的源头就万事大吉了。那么，这个源头是什么呢？人的欲望。

人本是自然的，而欲望则使人远离自然的状态：自然的人需要吃，但最多只要不饿着就行了，完全可以逮着能吃的填饱肚子就行。慢慢地靠小聪明能吃上粗粮接着就改吃细粮，细粮没问题了又升级为酒肉，酒肉再升级为山珍海味……想再往上升空间就有限了，不过一饭千金的故事还是屡见不鲜的。不光吃是这个样子，衣食住行万事如此，人便不再是那个自然的人了。但除了人造出来的这些喧嚣，别的依旧还是自然，便和自然闹出了许许多多的矛盾；人和人之间呢，因为这些互不相让的欲望你争我夺，同样也生出许许多多的矛盾。太糟糕了，这些都需要黄帝们去逐一摆平，你说能不累吗？说黄帝开窍了，是因为他看到了那个神奇的华胥国，神奇的不是君主如超人一般摆平这些麻烦事小菜一碟，而是那些百姓一个个都没有那许多欲望，他们不和自然争，更不和人争，当然没那许多烂事。不过有一样要小心的，道家说寓言说着说着就不免有些夸诞，凡是说有道之人，总是喜欢搬出水火不侵、刀枪不入、腾云驾雾之类的说辞，看多了有点让人起腻，当真了不免让人觉得难以置信，这一点只要把《庄子》或《列子》完整看一遍就会有免疫力了。终于，黄帝开窍了，但是故事只告诉我们黄帝开了什么窍，却没告诉我们他后来如何以此获得的成功，只是神神秘秘来了个只可意会不可言传，至于作者本身是否清楚这个"意"就不得而知了。我们千百年后再来反观道家的这个理想，难免觉得那是一种遥远的境界，并非靠一个领袖的力量所能达到，因为这需要彻底澄净每个民众的心。在中国有文字记载的历史上，民众从来没有在整体上如道家希望的那样泯灭过欲望，而道家也很少有真正实施其构想的机会。只有一个例外，那就是西汉初年。这是一个鲜明张扬黄老之术的时代，在《史记》、《汉书》中，那个时代的政府盛产两种人，一是所谓循吏，专门负责带领老百姓种地或读书；二是酷吏，专门负责打击豪强，整顿治安。而当时的社会环境，恰好是战国到秦的大破坏之余，普通百姓大都是惊弓之鸟，残酷的记忆强迫他们接受一种观念：平稳地生存是最美的。

这样的百姓、这样的社会，当然是道家最欣赏的，而那些所谓的豪强则是社会上少数欲望比较强烈的异己分子，自然是被打击的重点对象。就这样，萧规曹随，一切从简，汉朝度过了文景之治的昌盛时期。随着汉武帝的上台，欲望之火重新燃起，大把花钱，开疆拓土，政治的主旋律从此也就不再提什么黄老之术了。此后的两千年，只有在大动荡之后，从劫火中幸存下来的人们才会有一段暗用黄老之术的日子，等到衣食富足了，便又故态复萌。所以，整体的民众或许有过被外在条件压抑了欲望的时段，却不知道还有哪位高人可能有办法在一个歌舞升平、奢华成风的惬意社会中让人们一夜之间无知无欲，回归自然。

第四章 淡然生死

——列子原来这样说生死

　　《列子·杨朱》中公孙朝、公孙穆对子产的责备回言曰：凡生之难遇而死之易及。以难遇之生，侯易及之死，可孰念哉？故人生于世，理当以生为乐，荣启期行 之野，鼓琴而歌，何也？因自知人生有不见日月、不免襁褓者，而己生命尚存，理当高歌。诚若古语：生相怜，死相捐。生固重要，己更可贵。伯成子高不以一毫利物，舍国而隐耕。大禹不以一身自利，一体偏枯。古之人损一毫利天下不与也，此为何也？孟孙阳给了答案"然则积一毛以成肌肤，积肌肤以成一节。生相一毛固一体万分中之一物，奈何轻之乎"。身之一毛，可谓小之至极，但仍是己身所有，不愿轻弃，足见贵己之甚；然而从他的另一句话"悉天下奉一身不取也"足以确证他绝非是损人利己的极端利己主义，可见重生贵己，实质是将个体生命置于高于一切的位置。重生贵己，为遂顺人性之必要，而要求的当生的快乐，在重生贵己的基础上，还要任性纵欲。

理无不死

【原典】

孟孙阳问杨朱曰:"有人于此,贵生爱身,以蕲不死,可乎?"曰:"理无不死。""以蕲久生,可乎?"曰:"理无久生,生非贵之所能存,身非爱之所能厚。且久生奚为?五情好恶,古犹今也;四体安危,古犹今也;世事苦乐,古犹今也;变易治乱,古犹今也既闻之矣,既见之矣,既更之矣,百年犹厌其多,况久生之苦也乎?"孟孙阳曰:"若然,速亡愈于久生,则践锋刃,入汤火,得所志矣。"杨子曰"不然。既生,则废而任之,究其所欲,以俟于死。将死,则废而任之,究其所之,以放于尽。无不废,无不任,何遽迟速于其间乎?"

——《杨朱》

【古句新解】

孟孙阳问杨朱说:"这里有个人,崇尚生命,爱惜身体,以祈求不死,可以吗?"杨朱说:"没有不死的道理。"孟孙阳又问:"以祈求长寿,可以吗?"杨朱说:"没有长寿的道理。生命并不因为崇尚它就能存在,身体并不因为爱惜它就能厚实。而且长寿又为了什么呢?情欲的好恶,古代与现在一样;身体的安危,古代与现在一样;世事的苦乐，古代与现在一样；世道的变迁，古代与现在一样。已经听到了。已经看到了，已经经历了，活一百年还嫌太多，又何况苦恼地长寿呢？"孟孙阳说："如果是这样，早死比长寿好，那么脚踩刀锋利刃，投身沸水烈火，就满足愿望了。"杨子说："不是这样的。已经出生了，就听之任之，想干什么就干什么，一直到死。将要死了，就听之任之。任由其走向死亡。一切都放弃，一切都听之任之，哪里用得着去左右。"

自我品评

曾经有大学生调侃道："如果你参加过高考，那你就懂得了一半的人生。人生是这样的：你出生了就注定要死，而死之前你必须为生而疯狂，如果你提前寻死那就会被视为莫大的过错。高考也是这样：你开始上高中就注定要高考，而考之前你必须为考而疯狂，如果你提前退出就会被视为莫大的过错。真正参加考试的那几天并不痛苦，痛苦的是无休止的愚蠢的复习，痛苦到你会不停地想，为什么不能今天高考呢？而事实上，高考还有好几个月。由此推断，死也未必痛苦：死之前的生才痛苦，痛苦到不免会想什么时候死了便一了百了。当你从最后一门的考场中出来，你的躯壳是空荡荡的，你不知道自己为之奋斗了那么久的伟大事业为什么就此终结了，你搞不清自己应该做什么，到此时才真正觉得先前那些痛苦而无聊的日子仿佛是可贵的。由此推断，如果真的有轮回，阴阳两世应该都是痛苦并快乐着，只有那生死的转换才是最可恶的。"对这样的感言我们大可自己去品味思考，同意不同意都不要紧，但关键是这番话道及了一个心态问题，学生如何看待高考和每个人如何看待生命是一个十分类似的心态问题。

孟孙阳想不明白的是到底活着好还是死了好，杨朱告诉他的是，这个问题没什么好不好。杨朱这人比较另类，他是战国诸子中的一代高手，也是以雄辩著称的大家，孟子把他和墨子同时列为主要对手，声称"杨墨之道不息，孔子之道不著"，似乎别人不听孔子的话都是被这两人蛊惑的。这两个人在主要思想倾向上分处两个极端，墨子讲兼爱，他说人应该无条件地去爱每一个人，应该全身心地、无私地为别人奉献；杨朱讲为我，说得难听点就是自私，拔一毛以利天下的事是断不肯做的。

本来，老子、庄子一系是看淡生死的，我们习惯于称之为超脱，他们只是对生死没有什么大惊小怪、唧唧歪歪，不刻意去关注生和死，就如有些人不在乎吃什么、不在乎穿什么一样——不在乎吃什么不是绝食，不在乎穿什么也不等于裸体。这一层意思，杨朱的话中有所体现。然而，杨朱的怪气在于，说到生，他似乎觉得非常无趣，这才有了孟孙阳的下一个问题：那是不是说干脆自杀了拉倒呢？道家虽不如儒家那样积极入世，对建功立业、治国安邦之类的事并不感兴趣，但并非是这么一副了无生趣、愁眉苦脸的样子。就拿庄子来说，其实他是个很快乐的人，这一点只要读一读他写的那些寓言故事就很清楚了。而世世代代受道家思想影响的人物，也总是以一种聪明、豁达而不是痛苦、绝望的形象出现的。所以，杨朱的这样一段高论为什么会被拉到《列子》中来确实有些奇怪。

尽管杨朱的这一通牢骚不太符合道家的一贯风格，却同样揭示了人们看待生死的一种普遍方式，那就是以苦和乐作为取舍的标准。一般人总莫名地认为生是乐，自然相应地把死看作苦，而哲学家的任务就是把人们这一类奇奇怪怪的"常识"重新验算一遍——人们有着太多错误的"常识"。

当然，生死问题比一般问题来得更为复杂，如果你要颠覆一般人的看法，说生苦而死乐，那么马上会有人问你：那你为什么还活着？是的，按照这个逻辑，你早该死了，但如果你死了，又不可能再在人间去颠覆"生乐死苦"的法则。这样，这个法则就看似是无可颠覆的。但是，哲学家如何肯放弃这样重要而有趣的话题呢？所以，大量的哲学家或宗教家往往都用他们自己的方式在宣扬着"生并不那么快乐"，而如杨朱这样的说法自然也是一个套路，他说生不快乐，理由是"古犹今也"，你字识得多便去读书，字识得少便去看电视剧，等你把诸般往事了解得差不多了，人世间的一切就都不再新鲜，那还有啥活头？看来这个杨朱是个天生的冒险家，属于不新鲜毋宁死一类的。这样的意思多数人不会反感，但也很难完全接受，到头来还是孟孙阳提的那个问题——再缺乏新鲜刺激也不能一死了之啊。所以，还是需要为活着找个借口。这个借口，杨朱找得很奇怪，也很别扭，事实上他说的不是活着的理由，而是在声明一种人生态度：既然已经生身为人了，那就活着吧。也正是这样一个环节，让杨朱愈发显得不像道家一路的样子。

对于生死观，各家自有其论调，有的不强调生死的苦乐，只是把注意力放在生存的价值之上，比如儒家；有的也强调生的苦恼，但为了离苦得乐便须有智慧的追求，这是佛家的大概思路。说到底，不管生存是一种什么样的体验，总之，人们既然生存着，便须找到一个靠得住的借口，可以叫它价值、意义或别的什么。杨朱一脸无奈地说，活着，那就活着吧。其实，他没有任何关于生存意义的表述，如果要说杨朱还有什么和道家相似的地方，那或许就是这个表述方式。道家常常劝告人们不要太留恋生，不要太害怕死，因为一切都是自然大道，道家把生命看作是至高无上的道的一个组成部分，所以道家不再需要另找什么生命的意义，道本身就是一切。道家并不是杨朱这样吵嚷"活着真没劲"的，只是他们不大谈特谈生命的意义这一点和杨朱有点相似罢了。

季梁问医

【原典】

　　杨朱之友曰季梁。季梁得病，七日大渐。其子环而泣之，请医。季梁谓杨朱曰："吾子不肖如此之甚，汝奚不为我歌以晓之？"杨朱歌曰："天其弗识，人胡能觉？匪祐自天，弗孽由人。我乎汝乎！其弗知乎！医乎巫乎！其知之乎？"其子弗晓，终谒三医。一曰矫氏，二曰俞氏，三曰卢氏，诊其所疾。矫氏谓季梁曰："汝寒温不节，虚实失度，病由饥饱色欲，精虑烦散，非天非鬼。虽渐。可攻也。"季梁曰："众医也，亟屏之！"俞氏曰："汝始则胎气不足，乳湩有余，病非一朝一夕之故，其所由来渐矣，弗可已也。"季梁曰："良医也，且食之！"卢氏曰："汝疾不由天，亦不由人，亦不由鬼，禀生受形，既有制之者矣，亦有知之者矣。药石其如汝何？"季梁曰："神医也，重贶遣之！"俄而季梁之疾自瘳。

　　　　　　　　　　　　　　　　　　　　——《力命》

【古句新解】

　　杨朱有个朋友叫季梁。季梁病了，到第七日头上已经很危急了。他的儿子们围绕着他哭泣，商量着请医生医治。季梁对杨朱说："我儿子不懂事到了这样的程度，你为什么不替我唱个歌来使他们明白呢？"杨朱唱道："天尚且不认识，人怎么能明白？并不是由于天的保佑，也不是出自人的罪孽。我呀你呀，都不知道呀！医啊巫啊，难道就明白了?"他的儿子还是不明白,终于请来了三位医生。一位叫矫氏,一位叫俞氏,一位叫卢氏,诊治他的病。矫氏对季梁说:"你体内的寒温二气不协调,虚实失去了应有的节度,病由于时饥时饱和色欲过度,使精神思虑烦躁散乱,不在于天,也不在于鬼。虽然危急,仍然可以治疗。"季梁说:"这是庸医,快叫他出去!"俞氏说:"你开始在娘肚子里就胎气不足,生下来后奶水就吃不完,这病不是一朝一夕的原因,是慢慢积累起来的,已经治不好了。"季梁说:"这是一位好医生,暂且请他吃顿饭吧!"卢氏说:"你的病不是由于天,也不是由于人,也不是由于鬼,从你禀受生命之气而成形的那一刻就有控制你命运的主宰者,也有知道这一切的主宰者。药物针石又能对你怎样呢?"季梁说:"这是神医,重重地赏赐了再送他走!"不久,季梁的病自己好了。

自我品评

　　这个小故事里人物很多,要表现的则是不同层次对生命的理解。从故事的情节对话来看,季梁所认同的显然是杨朱和卢氏的说法。矫氏在季梁的儿子们看来一定是个深通医理的好大夫,在季梁看来,他却是最大的庸医。

　　先撇开任何理性的分析,单从个人情感出发,设身处地地想一下,到底谁的话最中听?好像应该是矫氏,因为他有充分的理论分析,而且愿意尽力而为,不管从业务能力还是工作态度来说,都符合一般人对医生的要求。但是,在季梁的评价体系中,他却得了一个最低分。再看看说话最不中听的那个俞氏,他是一个彻底的悲观主义者,干脆告诉病人:你没救了。这样的做法在世俗观念中起码是严重违背医德的,当然也是我们最不喜欢的,季梁也没有把他列为首选。由此也可以看出,季梁这里并非是简单地与世俗观念对着干,你说往东我偏说往西,还是有自己一套评判系统的。这样就要看他首选的那个神医卢氏和他的挚友杨朱说些什么。反复读一下，我们会很奇怪地发现，他们两个人的基调居然是一句废话——不知道。你的病怎么得的，不知道；病会不会好，不知道；你会不会死，还是不知道。虽然没有给病人轻易判死刑，但至少这是一个不作为的医生，在一般人的观念中也不是好鸟，为什么季梁如此看重他们呢？

当然，季梁在这里是作者的代言人，作者借他的形象来展示道家的看法。道家认为，生死疾病本身是有其原理的，因为生身为人就意味着已经成为自然万物的一分子，必然受到自然之理的制约。这样的道理本来并非很难理解或接受，只是应了那句俗话：关心则乱。没人会关心路边的一只小虫，正因为不关心，见理也就明白：它不久就会死，但究竟在什么时候、以什么方式死却不清楚，或许老天爷知道，可我不知道。可是，一旦自己生病了，人们就不再洒脱了，拼命地要去追问：我究竟什么时候死？怎么个死法？有没有什么办法去改变？道家看到人性中这种荒唐，于是他们赞美杨朱和卢氏这样的清醒者。

那么，为什么要把那个俞氏称作良医呢？猜想起来，大概是有某种情感蕴含其中吧。我们先来看一个与道家几乎没有任何关系的人说的一段话：

医药这一门学问对人类的毒害比它自认为能够医治的一切疾病还有害得多。就我来说，我不知道医生给我们治好了什么样的疾病，但是我知道他们给我们带来的病症实在是足以害死人的，例如懦弱、胆怯、轻信和对死亡的恐惧；所以，虽说他们能治好我们的身体，然而他们却使我们丧失了勇气。即使他们能叫死尸走路，对我们又有什么关系呢？我们需要的是人，但是我们就没有看见从他们手中救出过什么人来。医学在我们这里很时髦，它应当是这样的。它是那些闲着没有事干的人的一种娱乐，这些人不知道怎样使用他们的时间，所以就把它消磨于怎样保全自己的生命。如果他们偏偏生成一个不死的人的话，他们也许就是人类当中最不幸的人了：永远不怕丢失的生命，对他们是一点价值都没有的。对于这些人，就需要医生去威胁他们，使他们感到得意，每天使他们感到自己唯一能够感到的快乐，即自己还没有死去的那种快乐。这段话的核心是：人最可怕的疾病莫过于过分地关注自己生命实体的存在，这会使人们的精神游移到毫无意义的方面，从而失去生命应有的精彩。这段话对医生和医学的态度近乎刻薄，对热衷于就医的人们也加以无情的嘲讽。如果以这样的指标去评价，恐怕俞氏是理所当然的良医，天下医生皆如此，那可恶的、毒害人的医学也便不复存在了。唯一令人感到奇怪的是，说这段话的是法国十八世纪的启蒙思想家卢梭，一个无论在时间上还是空间上都和道家对不上号的人。而他们关于生死问题的观念，竟如此地相似，乃至可以互相进行诠释。这一则的结尾也很是耐人寻味。我们很清楚地知道世俗对于生死问题的心态，谁都想在自己面对死亡的时候能够出现奇迹，而作者就是让这个奇迹出现在了季梁的身上。如果认同杨朱和卢氏的观点，人的疾病生死不由天、不由鬼、不由人，那么，季梁的起死回生究竟"由"了什么样的力量呢？这种奇迹对于季梁这样的豁达生死的人是否有意义呢？反正从道家的发展变化来看，他们在生死问题上是最矛盾的。道家的理论对生死采取超然的态度，而后来衍生出的道教却一心烧丹炼药，追求长生，对此人们一直十分困惑：在生死这个重要问题上态度截然相反，那么应该说道家和道教只是名称上的近似；而事实上道教不仅仅是有"道"之名，在其他所有方面都和道家有着极高的吻合度。那么，对待生死，究竟是任其自然，还是注重养生，还是追求长生，在道家和道教两个层面上就形成极其复杂的纠葛，在学术界，至今还没有把道家和道教的关系完全整理清楚。或许，去整理这个问题本身就是我们这些后人多事，中国历史上固有道家，也固有道教，何必去关心它们是一是二、是不是有亲子关系？《列子》的作者这种兼顾式的表达方式反而倒显得很聪明，一面把杨朱和卢氏这样不在意生死的人树为典范，一面又用一个不治自愈的结尾暗示豁达的精神可以养生，同时也表现了一种对生命的尊重与渴望，谁又能说老子、庄子他们肯定不是这样的心思呢？

死生皆道

【原典】

无所由而常生者，道也。由生而生，故虽终而不亡，常也。由生而亡，不幸也。有所由而常死者，亦道也。由死而死，故虽未终而自亡者，亦常也。由死而生，幸也。故无用而生谓之道，用道得终谓之常；有所用而死者亦谓之道，用道而得死者亦谓之常。季梁之死，杨朱望其门而歌。随梧之死，杨朱抚其尸而哭。隶人之生，隶人之死，众人且歌，众人且哭。

——《仲尼》

【古句新解】

没有什么缘由而常常处于生境的，是道。由生而处于生境，故而能虽到终结时也不失其道，是常态。由生而失去其道，是不幸。有所缘由而常常处于死地的，也是道。由死而处于死地，故而虽不到终结之时就失去其道，也是常态。由死而进入生境，是幸运。所以无所作用的生便是道，用这种道生存直至终结便称之为常态；有所作用的死也是道，用这种道直接得到死亡也是常态。季梁死了，杨朱望着他家大门唱歌。随梧死了，杨朱抚摸着他的尸体痛哭。普通人出生了，普通人死亡了，大家唱歌，大家痛哭。

自我品评

这一段实在是十分拗口，颇有前言不搭后语的嫌疑，读者千万别把上面的译文当真，那只是为了和其他段落保持格式上的一致而不得不做的。

《列子》有不少译本和注解，这一段的前半截究竟是什么意思，各家都不完全一样，因为其中的关键词"由"可以有多种不同的解释。而"亡"既然和"死"对应出现，似乎就应该是失去的意思，但文中究竟在说失去了什么却又很不明确。仅仅这两个字的出入，就可以使我们对段落作出很多不同的理解。晚清学者陶鸿庆干脆把这段话重新写了一遍，他认为这段话比较深奥，当初抄写的人未必读得懂，几经传抄就成了现在的样子。我们现在看到的古书，尤其是唐以前的，不是其中有没有抄错的问题，而是一部书中究竟有多少错。原话本非如此，被人抄错了流传下来，看得懂的我们就当它固然如此，看不懂的想办法解释通。还有不少横竖解释不通的，只好就让它那么存在着。一一细究，古书中这类现象比比皆是。

生和死原本是简单得不能再简单的事，但人之常情中总以为它如何的重要，于是简单的事就变得复杂了。

口渴的人想喝水，一时找不到水，只得忍着，如果不幸身处沙漠，忍得太久恐怕要出大事；掉进河里的人不想喝水，奈何不识水性，不得不喝了一肚子水，有幸被人救上岸来还要往外倒。

生死又何尝不是如此？秉承"好死不如赖活着"的原则一味求生的固然大有人在，自觉"活着好累好没劲"的也不乏其人，被什么情绪或事情逼急了自杀拼命的也不算稀奇。但这些都是人的意愿而已，有意愿还得有合适的方式去实现，方式就算对头了还要看一看运气。意愿、方式合拍了，运气也没有出来捣乱，那就是常态；意愿、方式合拍了，运气出来捣乱，最终无法如愿，这是非常态。不管是常态还是非常态，都属于自然之道的范围之内。从这一点来说，生死跟喝水没什么区别。嘴上说自己想活得长久一点，却放任自己的身体被酒色财气不停地戕伐，早早丢了性命，这样的人也就不值一提了。可偏有不少人生活工作、营养卫生、心情环境方方面面都安排得妥妥帖帖，任谁看来别人都活不长他也得长寿，结果遭遇飞来横祸，死了。这样的人只能说倒霉，也是情理中所有之事。总之是一般人太在意生死了，所以每每看不懂、想不通。想活的人有倒霉而死，想死的人照样有求死不得。有一篇日本小说，名叫《敦厚的诈骗犯》，说一个了无生趣的人想通过死亡获取一笔寿险，但保险的行规是他不能是自杀身亡。于是，这个人想了许多自杀之外的死法，却屡屡失败，甚至想用自己的生命从车轮下救一个孩子，让他哭笑不得的是，这个举动不仅没把命送掉，反而让他成了见义勇为的英雄。最后，他用了一个极端复杂的办法：去理发店反复敲诈一个被他偶然抓住把柄的理发师，最终把这个理发师逼得近乎崩溃，终于在替他刮脸时割断了他的喉咙。小说构思自有其用意，我们姑且不论，单就情节而言，主人公屡屡求死不能的时候读者的心情是轻松的，甚至带有笑意。相反，如果面对他人意外的死亡，人们总会产生怜悯、悲伤之类的负面情绪。一生一死，一彼一此，本来跟喝水一样，有想喝的也有不想喝的，仅此而已，哪有什么本质的区别？可人的情绪为什么在谈到生死时就不能像喝水问题那样淡然处之了呢？

情绪浓厚得成为迷雾时，理性就多半会迷失方向。道家面对生死问题，第一要做的便是扫去这层迷雾。然而，个人的一时一事的情绪容易驱除，千万人的与生俱来又互相传染的情绪却很难打消。解决非常之事，便须非常手段，必要时大可用古怪悖谬的方式来刺激一下人们愚蠢而麻木的精神。庄子死了老婆却愉快地歌唱，杨朱则一歌一哭相反相成，后来的陶渊明干脆明明白白地说：

亲戚或余悲，他人亦已歌。

死去何所道，托体同山阿。

　　人是有感情的动物，亲情、友情、爱情，还有许多臭名其妙的情愫、情结、情缘，把本来挺明白的万物之灵搞得冥顽不灵，把简单清晰的事情搞成一团乱麻。道家常常很清醒，这种清醒却总被身处情雾之中的人看作冷酷。不仅是生死问题，很多问题都往往是这样：实情是残忍的，幻象是温柔的。太多的人情愿让温柔的幻象一直欺骗着自己，直到最后一刻，实情露出狰狞的面目，片刻的痛苦之后就一了百了。对这样的人们说来，道家早早地打破幻象，让人去感受痛苦，的确是够冷酷的。

吾尝无子

【原典】

魏人有东门吴者，其子死而不忧。其相室曰："公之爱子，天下无有。今子死不忧，何也？"东门吴曰："吾尝无子，无子之时不忧。今子死，乃与向无子同，臣奚忧焉？"

——《力命》

【古句新解】

魏国有个叫东门吴的人，儿子死了却不忧愁。他的管家说："您对儿子的怜爱之深，天下找不到第二个。现在儿子死了却不忧愁，为什么呢？"东门吴说："我过去没有儿子，没有儿子的时候并不忧愁。现在儿子死了，就和过去没有儿子一样，我有什么可忧愁的呢？"

自我品评

用现在的话说，这是一个近似无赖的偷换概念，跨过了过程直接去比较结果，得出了一个令人啼笑皆非的结论。如果你愿意，一定可以振振有词地与之争辩，并志得意满地大获全胜——因为作者不会有所应对。如果是这样，那只能说你太老实了。道家比较喜欢玩一点小小的狡狯，犹如梁山好汉与人单挑，打得难解难分之时陡然卖个破绽，

对方一旦贪了便立刻着道。我们读书不比与人厮杀，作者写书卖个破绽也不是为了取你性命，这样的当你若是上了，那是你自己的损失；你若是不上，会心一笑，则颇有收获。所以，这种狡狯也不妨看成是类似修辞的行文技法。

如果是一路读书至此，你必定会觉得遇到这么一段无厘头的对话很突兀，那就对了。你读着觉得突然，别人也会觉得。这时候，能不能很快地想想为什么如此就成了阅读能力高下的一个指标。这一段的主题是生死问题，但全然没有理论性的分析，只是一个微型小品，小品的核心就是失去儿子却并不忧愁的这个精彩理由。这个理由是荒诞的，问题是，这个行为本身荒诞吗？如果作者认为失去儿子却不忧愁这个行为本身也是荒诞的，那这个小品就没有任何深意，只是在说这么一个脑筋有点问题的怪人而已。这会出现在专门记载耳食谈资的笔记小说里，怎么会出现在颇具哲学思辨色彩的《列子》中呢？

再结合全书的思想倾向，我们就不难知道，作者并不认为这个行为是荒诞的。但这样的表现是一般人难以做到的，这样的行为是与人之常情格格不入的。更严重的是，人们很少去思考自己能接受的那个"人之常情"究竟是什么实质。儿子死了，父亲应该忧愁，应该为儿子的不幸忧愁。真是这样吗？很少有人会想到问这个问题，但真提出来了却不算难以回答，只是要回答有点难以启齿——不是这样。父亲的忧愁多半是以自己为中心的，因为他失去了后代，因为他失去了生活的依托，在父亲眼里，儿子是有趣的、可爱的、与自己相像的、可以寄托自己未能实现的愿望的……这一切哪有关乎儿子的不幸？纯然都是儿子的死带给父亲的不幸！正因为人们不能或不愿意去揭开这一层，所以便在生死问题上多了一种误会，误以为死是不幸的，而实际上像这一类例子都是死者的死给生者造成困扰，并非死者本身的不幸。

这样的道理说起来很费劲，而且人们容易受情绪左右而拒绝接受，所以，干脆用开玩笑的方式加以处理，或许效果会更好。至少，已经在启示你撇开儿子那一头不说，单从父亲的自身感受出发来面对这个问题。故事里说东门吴为什么不"忧"，这似乎已经是很婉转客气的说法了。现实中的白发人送黑发人岂止是忧而已，完全是大悲，究其本质，是一种由恐惧而引发的刻骨之悲。恐惧是能严重破坏理性的不良情绪，人有很多产生恐惧的原因，其中对死亡的恐惧最常见，却也最莫名其妙。因为恐惧往往是源自可能来临的痛苦，而死亡本身并不痛苦，痛苦的只是常常会和死亡相伴的疾病和创伤。可奇怪的是，十分痛苦显然却不致命的疾病和创伤常常并不令人恐惧，而哪怕没有丝毫痛苦的自然死亡却会造成相当程度的恐惧。

当人们认识到自己的感情时，会根据对象分出亲情、友情之类的种种不同，而当对象面临死亡时，那些专门以生时的指标加以区分的情一下子都变得毫无意义，能看到的只是自己的失去，失去了亲人、失去了朋友、失去了领袖、失去了助手，由此失去了很多固有的利益。一度被认为十分浪漫、超越物质的情就这样蜕化了。尧死了，百姓如丧考妣，他们哭什么？典韦死了，曹操亲自祭奠，他哭什么？钟子期死了，俞伯牙洒泪摔琴，他又哭什么？你相信，就说那是真情；不相信，就只剩下利益可说。当然，还有一种理解，那就是兔死狐悲的忧从中来。或许，对死亡的恐惧只是因为对死后一切的无知？如果真是这样，道家也很无奈，毕竟没法给人一个真实的死亡体验。于是，只好幽默，当然，幽默要碰上懂幽默的才成其为幽默。同时，幽默也是需要底气的。只有能够安详平静地看待自然的一切，才能从容应对。当死亡不再是威胁、不形成恐惧的时候，人才能气定神闲；唯有气定神闲的人，才能机智地幽上一默，把愉悦和祥和传给更多的人。这就是魅力，不是能够表演的东西。

拾遗于野

【原典】

林类年且百岁，底春被裘，拾遗穗于故畦，并歌并进。孔子适卫，望之于野，顾谓弟子曰："彼叟可与言者，试往讯之。"子贡请行。逆之垅端，面之而叹曰："先生曾不悔乎？而行歌拾穗？"林类行不留，歌不辍。子贡叩之不已，乃仰而应曰："吾何悔邪？"子贡曰："先生少不勤行，长不竞时，老无妻子，死期将至，亦有何乐而拾穗行歌乎？"林类笑曰："吾之所以为乐，人皆有之，而反以为忧。少不勤行，长不竞时，故能寿若此。老无妻子，死期将至，故能乐若此。"子贡曰："寿者人之情，死者人之恶。子以死为乐，何也？"林类曰："死之与生，一往一反。故死于是者，安知不生于彼？故吾知其不相若矣？吾又安知营营而求生非惑乎？亦又安知吾今之死不愈昔之生乎？"子贡闻之，不喻其意，还以告夫子。夫子曰："吾知其可与言，果然；然彼得之而不尽者也。"

——《天瑞》

【古句新解】

林类的年纪将近一百岁了，到了春天还穿着皮衣，在田里拾取收割后遗留下的谷穗，一面唱歌，一面前行。孔子到卫国去，在田野上远远看见了他，回头对学生说："那位老人值得一谈，试着去问问他。"子贡请求前去。在田埂的一头子贡迎住了老者，面对着他感叹道："先生不后悔吗？还边走边唱地拾谷穗？"林类不停地前行，歌声也没有停止。子贡不停地追问，他仰着头答道："我后悔什么呢？"子贡说："先生少壮时不勤奋，年长后又不抓紧时间，到老了没有妻子儿女，现在已经死到临头了，还有什么快乐值得拾谷穗时边走边唱呢？"林类笑着说："我快乐的原因，人人都有，你却反而以此为忧。我少壮时不勤奋，年长后又不抓紧时间，所以才能这样长寿。到老了没有妻子儿女，现在已经死到临头了，所以才能这样快乐。"子贡问："长寿是人人所希望的，死亡是人人所厌恶的。您却把死亡当作快乐，为什么呢？"林类说："死亡与出生，不过是一去一回。因此在这儿死去的，怎么知道不在别处重新出生呢？所以，我当然知道死与生不一样。我又怎么知道忙碌于求生不是一种迷惑呢？同时又怎么知道我现在的死亡不比以前的生更好呢？"子贡听了，不明白他的意思，回来告诉了孔子。孔子说："我知道他是值得一谈的，果然如此；可是他悟得的道理并不完全。"

自我品评

对于生死，人类自古就有着大同小异的猜度，诸如鬼神、天界、轮回之类。各式各样的哲人和学派，无论如何表述自己的生死观，他们总是非常熟悉那些已有的猜度的。这一点，无论是儒家、道家还是印度、希腊，都无一例外。

这一段借着隐士形象的林类将这些猜度提了出来：生死是否轮回？死后究竟是怎样的？死后是否比人世间更好？不知道是作者的底气不足还是故弄玄虚，这些问题被拿来问子贡，而俨然一副大智者模样的孔子却被安排在了后台。作为演员的孔子回避了这些问题，事实上也就是作者回避了这些问题。开始是孔子对林类产生了兴趣，而产生兴趣的原因似乎仅仅是林类有着隐士的派头。隐士是什么样的？就像庚信《小园赋》里写的："三春负锄相识，五月披裘见寻。"要简单，又要有些怪异；要洒脱，也要有些傲气，可以随意但不能肮脏，可以奇怪但不可堕落。就这样，孔子看上了林类，认为他值得一谈，看来，这个孔子既不是《论语》中那个几近真实的孔子，也不像《庄子》笔下那个为道家寓言服务的孔子。这个实在是个倒霉的孔子，他不小心撞到了关于生死的大问题，可以说是搭好了一个舞台让他自由挥洒，或道或儒或别的什么花样都行，偏偏最后这个孔子无力招架，含混搪塞地溜走了，怪哉！

倒是这个林类，在提出疑问之余也道出了他的人生态度：不勤才能长寿，死亡或许快乐。这两条都可说得上惊世骇俗，完全颠覆了人们的基本道德观和关于生存的常识，却正是道家观念的一种展示。道家不主张孜孜不倦地追求，不管是庸俗的名利还是凡人的生活抑或更有诱惑力的所谓高尚理想；同时他们不介意生死，生死不过是天要下雨娘要嫁人的必然而已。前者和隐士的生活方式是相匹配的，而后者却和隐士没多大关系。所以，这本是一则用意很不错的道家寓言，只是场景和情节的安排上没有完全理顺，到了最后居然有些跑题，只能以"得之而不尽"草草收场。

前人多认为《列子》这书就是注者张湛一手伪造的，姑且认为这种假设成立，那么张湛必然能感觉到这一则有所欠缺，也一定会在注文中加以斡旋，但他决不会对林类的话做出任何否决，因为从道家的主旨来说，林类的话没有问题，有问题的只是孔子应答的情节设计。果然，针对孔子的回答，张湛的注玩起了文字游戏："夫尽者，无所不尽，亦无所尽，然后尽理都全耳。今方对无于有，去彼取此，则不得不觉内外之异。"这样一来，就把孔子说的"不尽"归之于林类不能达到无可无不可的浑然境界，本想把原文说通，却没想到情节设计的缺陷本不在此，这个补丁实在是越打越拙。后来唐人卢季玄作解时反倒旁观者清，直接指出这个"不尽"说的就是林类该肯定的不肯定，偏要用"安知"这样的不确定语气。他这话一语中的，至少是个更顺的解释。

孔子角色的衰败，使得林类反倒成了一个人物典型，尽管对他的描写基本以语言为主，而且这些语言也不太适合用作诗文的典故，但还是有不少人在诗文中提到他。因为在《列子》的原书中，前一节的主人公是一个叫荣启期的老头，和林类的形象十分相似，后来也有人对这两个人物分得不是很清楚，但肯定是把他们都看作贤士高人的，宋人刘敞称赞他"此意如昔贤，世人知尔否"，晋人皇甫谧编写《高士传》也把林类收入其中。这类人不富不贵，不为任何一个群体的利益服务，但是他们对名利、对生死都能坦然而平静，对生命中的一切保持快乐祥和的态度，这种人便被称为高人隐士。即使是人生追求完全不同的儒家，对隐士也显示出不同一般的尊重。为什么这些人高、贤？重点全在生死一节。古往今来，聪明人多的是，能创造有价值的思想体系的也不在少数，但真能把生死的隔膜化解殆尽的却不多。孔子也曾谈论生死，《论语》等书中也曾记载他自己面对生死时的言行。孔子的智慧、修养和学识足以使他在这个问题上不会如普通的愚夫愚妇一般焦躁骚动，但是要和道家的高人比起来，孔子在这方面的豁达还是略有不及的。倒是后代不少读书人，虽然学问的根本立足于儒家，但也兼习道家及其他学问，于生死问题反而能更加通脱。

用今天的话说，道家学问在生死问题上更能帮助人很好地进行自我心理调节，而这一点早已被融入悠久的中国文化之中，与各种学术的不同门派之争没什么关系了。

子贡倦学

【原典】

子贡倦于学，告仲尼曰："愿有所息。"仲尼曰："生无所息。"子贡曰："然则赐息无所乎？"仲尼曰："有焉耳。望其圹，睾如也，宰如也，坟如也，鬲如也，则知所息矣。"子贡曰："大哉死乎！君子息焉，小人伏焉。"仲尼曰："赐！汝知之矣。人胥知生之乐，未知生之苦；知老之惫，未知老之佚；知死之恶，未知死之息也。晏子曰：'善哉，古之有死也！仁者息焉，不仁者伏焉。'死也者，德之徼也。古者谓死人为归人。夫言死人为归人，则生人为行人矣。行而不知归，失家者也。一人失家，一世非之；天下失家，莫知非焉。有人去乡土、离六亲、废家业、游于四方而不归者，何人哉？世必谓之为狂荡之人矣。又有人钟贤世、矜巧能、修名誉、夸张于世而不知己者，亦何人哉？世必以为智谋之士。此二者，胥失者也，而世与一不与一。唯圣人知所与，知所去。"

——《天瑞》

【古句新解】

孔子的学生子贡感到学习太累了，想要休息一段时期，于是便向孔子请假。他说："学生近日感到学习得非常疲倦，想要休息休息。

请先生能够准许。"孔子感到很奇怪，说："人一旦来到世间便没有休息的地方。你要休息那怎么可能呢？"子贡说："照先生的说法，学生连休息的地方都没有吗？"孔子说："有倒是有，那就请你看那旷野之中高高的圆圆的坟墓，坟墓中那上宽下窄的棺材，那就是休息的地方。"子贡听后感叹地说："真是伟大呀，这个死啊！君子认为那是休息，小人认为那是倒下了。"孔子听子贡对死做出了这样的评价，很是赞赏，说："子贡，你真是把人的生死看透了。现在的人只知道人生的快乐，不知道人生的痛苦；只知道人老的疲惫，不知道人老的安逸；只知道死是可恶的，不知道死是休息。齐国的大夫晏子说过一句话。他说：'生活在古代的人不厌恶死。仁义的人以死为休息，不仁的人以死为倒下。'实际上，死是人的归宿。古人以死人为归人，意思是回到家的人；以活人为行人，意思是走在路上的人。走在路上的人不知道回家，那是抛弃家的人，将受到社会的谴责；而现在天下大多数人都不愿死，都抛弃家，人们却不知道谴责。一个人离乡背井，丢弃亲人，抛掉产业，游历四方而不回家，这是一种什么人呢？人们必定说他是狂荡的人。而另有一个人重视贤才，自以为心灵手巧，所以凭借自己的小聪明在那里追求名誉地位，到处张扬而不知收敛。这是一种什么人呢？人们必定说他是有智谋的人。实际上这两种人都是不可取的，可是人们却褒一个而贬一个。只有圣人才知道如何正确地评价他们。"

自我品评

故事中孔子把子贡（端木赐）领到坟地里，让他看着各种制式的坟头，自己再配上轻柔的画外音，让子贡真切地去拥抱死亡，这真是一种另类而又有力的教育方式。死就是回家，这是一个多么洒脱的比喻啊！只可惜现实中人们常常洒脱不起来，好端端一个比喻被压缩成一个成语叫视死如归，彻底变了味儿了。说死是休息也好，是回家也好，针对的都是生之忙碌。其实，这是一种生死观，而如何看待死亡又只是如何看待人生的一个分支，你认为什么样的人生才有价值，那么也就会有相应的对死亡的看法。有人会说，休息是为了更好地工作；也有人说，拼命工作是为了能更好地享乐。不管如何，人们总是习惯于把工作和休息看作一种循环，从远古的日出而作、日落而息到当代的劳动制度都是如此。可死呢，即便有轮回，对常人而言也是无法跟踪、无法观察、无法体验的，能看到的只是一个单向的阀门，活着的人纷纷走进去，却不见有人转身出来。

长生不死是不可能的，何况生命中充满了重复，长生也未必是件乐事。杨朱为了反抗仁义礼教对人的自然本性的压制，不惜否定除生命本身（尤其是生命中肉体的方面）之外的一切价值，但这样一来，生命到底有什么意义就成了问题（事实与价值的重合往往要导致价值上的虚无主义），所以有"百年犹厌其多，况久生之苦也乎"的说法。然而，生命非私有的观点又使之不能放弃生命，于是他所能做的一切就是放纵生命，尤其是放纵肉体欲望。

道家面对执迷不悟者，不迁就、不附和，没有善良的欺骗，也没有巧妙的移情，直接使之看到自己的荒诞，直接使之陷入绝望与无助，在四面楚歌的压力之下一些人的潜能会被激发，自行找到开悟的门径。这并不一定是最高明的手法，也不一定是对每个人都有效或有益的招数，但这就是道家风格，清高而坦诚。生死是生命行进的自然过程，万物皆出于机，皆入于机。生死是人生的必由之路，生往死返。

"子贡倦学"在以死为归的学说基础上，进一步说明死是一种休息，是一种快乐。之所以说它是快乐，主要是针对人生而言的。因为人生在世总是处在不停的操劳之中，不得休息。为了求生，为了名利，不停地奔波，无休止地奋争。这是一种痛苦，是一种煎熬。立足于此，死是这种痛苦和煎熬的解脱，所以是快乐。这种观点没有明显脱离生死随其自然的基本思路，但却发展了以生为苦、以生为累的思想，并对以死为归的思想表示赞许。

名而不实

【原典】

杨朱曰："天下之美归之舜、禹、周、孔，天下之恶归之桀、纣。然而舜耕于河阳，陶于雷泽，四体不得暂安，口腹不得美厚，父母之所不爱，弟妹之所不亲。行年三十，不告而娶。及受尧之禅，年已长，智已衰。商钧不才，禅位于禹，戚戚然以至于死。此天人之穷毒者也。治水土，绩用不就，殛诸羽山。禹纂业事仇，惟荒土功，子产不字，过门不入，身体偏枯，手足胼胝。及受舜禅，卑宫室，美绂冕，戚戚然以至于死。此天人之忧苦者也。武王既终，成王幼弱，周公摄天子之政。邵公不悦，四国流言。居东三年，诛兄放弟，仅免其身，戚戚然以至于死。此天人之危惧者也。孔子明帝王之道，应时君之聘，伐树于宋，削迹于卫，穷于商周，围于陈蔡，受屈于季氏，见辱于阳虎，戚戚然以至于死。此天民之遑遽者也。凡彼四圣者，生无一日之欢，死有万世之名。名者，固非实之所取也。虽称之弗知，虽赏之不知，与株块无以异矣。桀藉累世之资，居南面之尊，智足以拒群下，威足以震海内；恣耳目之所娱，穷意虑之所为。熙熙然以至于死。此天民之逸荡者也。纣亦藉累世之资，居南面之尊，威无不行，志无不从，肆情于倾宫，纵欲于长夜，不以礼义自苦，熙熙然以至于诛。此天民之放纵者也。彼二凶也，生有纵欲之欢，死被愚暴之名。实者，固非名之所与也，虽毁之不知，虽称之弗知，此与株块奚以异矣？彼四圣虽美之所归，苦以至终，同归于死矣。彼二凶虽恶之所归，乐以至终，亦同归于死矣。"

——《杨朱》

【古句新解】

杨朱就生死和名实问题发表了自己的观点。他说："天下的美名都给了虞舜、大禹、周公和孔子；天下的恶名都给了夏桀和商纣。然而真正的实惠归于谁呢？这是需要加以思考的。

"虞舜在河阳耕地，在雷泽制陶，四肢一时一刻不得休息，口腹无有一日吃到美味，父母不爱他，弟妹不敬他，且到三十岁的时候才娶妻，而且还不敢告诉父母。等到继承了尧的帝位之后，年纪也大了，智能也衰了，自己的儿子商钧无才，所以只好让位于大禹，而自己则凄凄凉凉，一直到死。这是天下受尽了苦头的人。

"大禹的父亲鲧受命治理洪水，没有成功，被处死在羽山。大禹继承了父亲的事业，把自己的全部精力都用在了治理洪水上，儿子出生了连给起个名字的工夫都没有，经过自己的家门连进去看一眼的时间都没有，身体劳累得又黑又瘦，磨出的老茧填平了手掌和脚掌。继承了虞舜的王位后，住在简陋的宫室里，只是在盛大典礼之时才穿上一件像样的礼服。就这样凄凄凉凉，一直到死。这是天下受尽了熬煎的人。

"周武王死后，成王还幼小，周公辅佐朝政。邵公对此不太高兴，到处流传着周公将篡权的谣言。周公的两位兄弟管叔和蔡叔借此机会兴师反叛。经过三年讨伐才平息下来，杀掉管叔，流放蔡叔，最后才算渡过这一险关。就这样战战兢兢，一直到死。这是天下受尽了危惧的人。

"孔子通晓做帝王的方法，曾受数国君王的招聘去辅佐朝政。来到宋国，人们不欢迎他，将他乘凉的大树砍倒了；来到卫国，卫国国君对他十分冷淡，还受到过人们的追赶；在商周遇到穷困，在陈蔡受到围攻；曾遭季氏迫害，曾受阳虎侮辱。就这样凄凄凉凉，一直到死。这是天下受尽了颠沛的人。

"上面这四位圣人，活着的时候没有得到一天欢乐，死后却有万世名声。然而名声本来不是实际所需要的，他们已经死了，无论称颂他们还是赞赏他们，他们都不知道。他们和树干、土块没有什么区别。"回过头来再看看夏桀和商纣。夏桀，凭借上世积累下的财富，依靠帝王的权势，智谋足以凌驾于群臣之上，威严足以震慑四方诸侯。放纵耳目的欲望，满足心意的要求，快快乐乐，一直到死。这是天下享尽放荡生活的人。商纣，也凭借上世积累下的财富，依靠帝王的权势，威势无处不通，意志无人不从，恣情于宫室，纵欲于长夜，从不自讨苦吃地去拿礼义约束自己，快快乐乐，直到被杀。这是天下享尽放纵生活的人。这两位恶人，活着的时候充分享受到了欢乐，而死后却得万世骂名。然而实惠并不是名声所能给予的，他们已经死了，无论遭骂还是受誉，他们都不知道。他们和树干、土块没有什么区别。那四位圣人，虽然载誉而归，受苦至终，最后也免不了一同回归于死；这两个恶人，虽然负恶而归，享乐至终，最后也免不了一同回归于死。"

自我品评

我们从表面来看，这个故事具有纵欲倾向，因为它讲究实惠而不务虚名。所谓实惠，是指活着的时候得到的物质享受。因为此时人还活着，能够感受到物质享受的快乐，所以为实。所谓虚名，是指死后得到的美名。因为此时人已死了，名虽极美但人无所知，所以为虚。在杨朱看来，生前受苦受累，受惊受惧，换得死后一个美名，对于人来说很不值得，倒不如趁人活着的时候尽情享受。这与纵欲的思想有

某种一致之处。

　　进一步来看，这个故事主要讲苦乐归一、美恶为一。认为人生是暂时的，最后都是归于一死。因此，苦也好，乐也好，都是暂时的，都会成为过去，归于无有。美名也好，恶名也好，都无意义，都是虚名。所以，人生在世，用不着为身后美名而吃苦，也用不着为现世之乐而纵欲。从这种观点来看，与列子的生死随其自然有一定的相似之处。

　　生死随其自然，立足点在于人是自然界发展变化的一个过程。说它是自然界发展变化的一个过程，其意义有两点：其一是，人是自然而生的，也是自然而死的，非但自然生死，而且既已出生则必然要死，因为这是自然界发展变化的规律，任何人都不可能违背。所以人在生死面前是无可选择的。在这种认识的基础上，则应抱有生死随其自然的态度，这是一种明智。反之，明知生不可求而强求，明知死不可免而强免，明知未至死地而趋死，明知前有生路而不行，岂非自讨苦吃？岂非愚昧？其二是，人从无而至有，又从有而至无，处于无有之时无知无欲、无苦无乐，回归无有之地也会无知无欲、无苦无乐。既然如此，人生不值得追求，人死不必要回避。

景公恍死

齐景公游于牛山，北临其国城而流涕曰："美哉国乎！郁郁芊芊，若何滴滴去此国而死乎？使古无死者，寡人将去斯而之何？"史孔梁、丘据皆从而泣曰："臣赖君之赐，疏食恶肉可得而食，驽马棱车可得而乘也，且犹不欲死，而况吾君乎！"晏子独笑于旁。公雪涕而顾晏子曰："寡人今日之游悲，孔与据皆从寡人而泣，子之独笑，何也？"晏子对曰："使贤者常守之，则太公、桓公将常守之矣；使有勇者而常守之，则庄公、灵公将常守之矣。数君者将守之，吾君方将被蓑笠而立乎畎亩之中，唯事之恤，行假念死乎？则吾君又安得此位而立焉？以其迭处之迭去之，至于君也，而独为之流涕，是不仁也。见不仁之君，见谄谀之臣。臣见此二者，臣之所为独窃笑也。"景公惭焉，举觞自罚，罚二臣者各二觞焉。

——《力命》

【古句新解】

有一次，齐景公到牛山游览，站在山上向北而望，只见非常感慨。他流着眼泪说："我的国家多么美丽呀！国都一片茂绿，人为什么随着时间的流逝就会死去呢？假如人生自古就无死，我怎么舍得离开这美丽的国都而到另一个地方去呢？"说完泪流满面。

他的两个随从史孔梁和丘据也跟着他流泪，说："君主说得对呀！

臣下依赖君主的俸禄生活，吃的是粗米淡饭，乘的是瘦马旧车，也还不想死呢，何况君主如此富有、如此享福呢？"

这时只有站在一旁的大臣晏子在窃笑。齐景公擦干了脸上的泪水责问他："寡人今日在这里忧伤，史孔梁和丘据都能体察寡人的心情，跟着寡人一起忧伤，为什么你却笑呢？"

晏子回答说："假如贤明的君主能长久活在人间，那么太公与桓公将会长久活在人间；假如英勇的君主能长久活在人间，那么庄公、灵公将会长久活在人间。如果这些君主都还活在人间，君主您只能披着蓑笠、立在田间耕作土地了，怎么会身居君位而拥有国家呢？只因为前代的君主相继去世了，所以您才有可能得到国家、成为君主的呀。可是您却因为人都要死而忧伤，这不是很可笑吗？不仅如此，还有您手下的这两位大臣，见到君王办了可笑的事，不但不去矫正，反而逢迎献媚，跟着忧伤，这不是更可笑吗？"

景公听了很惭愧，举起酒杯自己罚了自己一杯，又罚了史孔梁和丘据各两杯。

自我品评

齐景公忧死，是因为他怕丢失已有的国家。他没想到，正是因为人皆有死，他才得到了先王的国家。这种只见一面而不见另一面的思维方法自然会引人发笑。

按照晏子的观点，人皆有死给齐景公带来了可怕的前景，人皆有死也给齐景公带来了优越的现世。也就是说齐景公之所以成了君主，是人皆有死这个规律赐给的，齐景公之所以将要离开君位，也是人皆有死这个规律决定的。齐景公做君主只不过是人皆有死这个规律展现的过程而已，它不为齐景公渴望继承君位而让先君去世，也不为齐景公担心离开君位而让景公长存。齐景公的忧伤不但是片面的，而且是无用的。人不会永久活着，因此既不必为自己的在世而欣喜，也不必为自己的离世而忧伤。既来之则安之，将去之则顺之。

人们生活在世上，大都害怕死，这是可以理解的。因为死将改变人生的一切，丢掉生时的家财，抛弃亲友与家人，割断情丝和爱恋，把人带入一个陌生的世界；因为生与死的中间隔着一个不可捉摸的分界线，是痛？是苦？是惊？是惧？谁都不知道，而别人临死时那种难受的样子却给人留下了可怕的印象；死后的世界是个什么样子，人们全然不知道，加上一些鬼怪传说的渲染，那里十分可怕便成了一般人对死的心理预感。

不过怕有什么用呢？怕也得死，不怕也得死。既然如此，与其害怕，不如正视它、研究它，以顺随客观规律的态度对待它。这是最正确的态度。之所以说它正确，是因为它是对人的生活和身心最为有益的态度。列子生死随其自然的观点与这样的态度是基本吻合的。

死是一种乐事，因为它是劳累之后的休息、烦恼之中的解脱，所以死不应拒之，亦不必惧之，随其自然而应之。列子这种观点不能说是科学的，因为死后无知无觉，既谈不上苦，也谈不上乐。然而这种乐观的态度却扫除了人们对死亡的恐惧心理，而且以劳累后的休息、烦恼之中的解脱作比喻，也并非完全没有道理。

生前一无所有，死后也一无所有，人从无而变有，又由有而归无。据此列子提出生前无忧、死后亦无所忧的观点。在这里，首先列子确立的前提是真实的、科学的，他客观地展示了人在生前死后的真实世界；其次他的眼光是深邃的，思维是非凡的，他把人的视野从有限的现世拓展到了不可目视的彼岸，将人的视角从人的生命体调整到了宇宙空间，使之具有了高度的洞察功能和透视功能。所以他得出的结论是脱俗的，显得那么沉静、泰然、洒脱、自在，一派圣哲风度，使人仰而观之。

由此我们说，列子生死随其自然的观点是中国古代的一面明镜，大可照亮人的心田，使人活得轻松，死得自然。不过列子的观点中主张的颓废、放纵、享乐主义、利己主义等问题。则的确是一个值得讨论的问题。

第五章 观行闻声
——列子原来这样说智愚

　　"万事可以理推"之"理"乃是一种抽空了感觉经验的纯粹逻辑形式，如相信大之外还有更大者即是；"不可以器证"说的就是感觉器官的局限性了。得道之人深知这个道理，所以列子要通过描述世界的无限性来提醒人们不要过于依赖自己的理性经验，以消除心智和感官对于至道之知的阻碍。最佳例证莫过于愚公移山的故事：愚公名为"愚"，却用他那种违背常识的方式获得了至道，因为他那种超出日常限度的恒心与专注与佝偻承蜩一样，"意专则与神相似者也"，正符合了忘智凝神、寂然玄照的体道方式的要求；智叟名为"智"，却是"俗谓之智者，未必非愚也"（汤问注），他的"聪明"恰恰是求道的大碍，他的真理与至道之知之间存在着巨大的鸿沟，甚至到了相悖的程度。哪怕像孔子那样博学多知的圣人，对于两小儿辩日这种（在当时）属于至道之知范围内的难题也显得无知可笑，更凸显了感官经验之"智"对于"道"的不可企及。如果无视这一点，强以常人的认知或行为方式去追求至道，就很有可能像夸父追日那样，酿成灾难性的后果。

胜有忧色

赵襄子使新稚穆子攻翟，胜之，取左人、中人，使遽人来谒之。襄子方食而有忧色。左右曰："一朝而两城下，此人之所喜也，今君有忧色，何也？"襄子曰："夫江河之大也，不过三日，飘风暴雨而不终朝，日中不须臾。今赵氏之德行无所施于积，一朝而两城下，亡其及我哉！"孔子闻之曰："赵氏其昌乎！夫忧者所以为昌也，喜者所以为亡也。胜非其难者也；持之，其难者也。贤主以此持胜，故其福及后世。齐、楚、吴、越皆尝胜矣，然卒取亡焉，不达乎持胜也。唯有道之主为能持胜。"孔子之劲能拓国门之关，而不肯以力闻。墨子为守攻，公输般服，而不肯以兵知。故善持胜者以强为弱。

——《说符》

【古句新解】

赵襄子派新稚穆子攻打翟人。新稚穆子取得了大胜，一个早上就攻下了左人、中人两个城池，派人回去向赵襄子报喜。赵襄子正在吃饭，听了消息之后不但不显得高兴，反而面有忧色。左右的人感到很奇怪，开口问道："打了胜仗，这是高兴的事，特别是一个早上攻下了两个城池，更是令人兴奋。君主为什么不高兴呢？"赵襄子叹了一口气说："世上的事情瞬息万变，实在太快了！江河之水如此之大，一涨一落，三天一变。暴风骤雨如此之猛，时不过晨，三刻便停。日当中天，不过须臾；翟人失城，不过一期。我们赵氏本来也没有积下多少仁德，居然一个早上能攻下两个城池。那么有谁能知，赵国之亡又在何时呢？想到这些，怎能不使人担忧？"孔子听说这件事后说："赵家一定会昌盛的！"子贡不明其中的道理，问道："赵襄子说赵国不知道什么时候就要灭亡了，先生却说赵家一定会昌盛的。为什么你们二位的结论如此对立呢？"孔子回答说："这就是你的无知了。我之所以说赵家一定会昌盛，正是因为赵襄子担心自己的国家会灭亡。世上的道理就是这样：担心自己国家会灭亡的，一定不会灭亡；忘记自己国家会灭亡的，一定会灭亡。因为担心自己国家会灭亡的，一定会勤政爱民，奋发图强，所以不会灭亡；忘记自己国家会灭亡的，往往会贪图安逸，疏理政事，所以会灭亡。因此说取得胜利不是难事，难的是保持胜利。贤明的君主以不忘国亡来保持胜利，所以能够长久持国，传及子孙。像齐、楚、吴、越这些大国都取得过胜利，然而胜后骄奢，忘却国危，终将会亡，这是因为他们不懂得保持胜利的道理呀！只有遵循治国之道的君主才能保持胜利。"不仅贤明的君王如此，而且那些智慧的先哲们都在遵循着持胜不败的道理：孔子的力量能打开关闭的国门，然而却不肯宣扬自己的力大；墨子守城，击败了公输般的进攻，公输般服输了，可墨子却不肯承认自己善于用兵。这些善于保持胜利的人们，都以自己的强项为弱项。正因为以自己的强项为弱项，所以才能谨慎地使用这些强项，使其永远保持优势。

自我品评

在道家看来，一切事物都在向相反的方向转化着：强大转化为弱小，弱小转化为强大；胜利转化为失败，失败转化为胜利；兴盛转化为衰亡，衰亡转化为兴盛；吉祥转化为灾祸，灾祸转化为吉祥。不过社会和人事与自然界的情况不完全一样，有人的因素在其中起作用。

一种人虽然强大而不自以为大，小心从事，循道而行，永远把自己置于弱小的地位，所以不会向弱小转化。另一种人，自以为强大，骄而忘形，目空一切，忘危放纵，背道而行，所以势必由兴盛走向衰亡。故事中的孔子正是依据这一道理，判定赵襄子一定不会灭亡，因为赵襄子正视自己的弱点，不自矜、不自大，在胜利面前保持着谦虚谨慎的态度。这个故事说明了两个道理：其一是居安思危是避危处安的前提；其二是人之所行是预测来事的依据。居安思危之所以能避危处安，其道理孔子已经讲得很清楚了。

主要原因在于，安危与人的行为有直接的联系。勤奋努力是保持安稳的前提，贪图享乐是引来灾祸的缘由。居安思危则促使人们奋斗不息，所以会保持安稳；居安忘危则诱使人们懒惰享乐，所以会招致灾祸。人之所行之所以能彰显来事，孔子没有讲，但他的分析表明了这一点。他对赵氏的前景做出了预见，认为一定会昌盛。之所以做出这样的判断，前提有两个：其一是赵襄子的言行；其二是这种言行可能引出结果的道理。言行表明赵襄子居安思危；道理是思危则勤奋，勤奋则昌盛。在列子看来，赵襄子居安思危是一种智慧，因为这使他在实践中立于不败之地；孔子预言赵氏昌盛更是智慧，因为他不但预见了来事，而且展示了这一预见之所以成立的依据，将赵氏在实践中可能取得的成功提高到了理论的高度来认识。

一毫利物

【原典】

杨朱曰:"伯成子高不以一毫利物,舍国而隐耕。大禹不以一身自利,一体偏枯。古之人损一毫利天下不与也,悉天下奉一身不取也。人人不损一毫,人人不利天下,天下治矣。"禽子问杨朱曰:"去子体之一毛以济一世,汝为之乎?"杨子曰:"世固非一毛之所济。"禽子曰:"假济,为之乎?"杨子弗应。禽子出语孟孙阳。孟孙阳曰:"子不达夫子之心,吾请言之。有侵若肌肤获万金者,若为之乎?"曰:"为之。"孟孙阳曰:"有断若一节得一国,子为之乎?"禽子默然有间,孟孙阳曰:"一毛微于肌肤,肌肤微于一节,省矣。然则积一毛以成肌肤,积肌肤以成一节。生相一毛固一体万分中之一物。奈何轻之乎?"禽子曰:"吾不能所以答子。然则以子之言问老聃、关尹,则子言当矣;以吾言问大禹、墨翟,则吾言当矣。"孟孙阳因顾与其徒说他事。

——《杨朱》

【古句新解】

杨朱说:"伯成子高不肯用一根毫毛去为他人谋利益,抛弃了国家,退隐耕田去了。大禹不愿意以自己的身体为自己谋利益,结果半身不遂。古代的人要损害一根毫毛去为天下谋利益是不肯干的,把天下的一切都用来供养一己之私也是不要的。人人都不损害自己的一根毫毛，人人都不为天下人谋利益，天下就太平了。"禽子问杨朱说："拿掉你身上一根汗毛来周济天下，你干吗?"杨子说："天下本来就不是一根汗毛所能周济的。"禽子说："假使能周济的话，干吗?"杨子不回答。禽子出来告诉了孟孙阳。孟孙阳说："你不明白先生的心恩，让我来说吧。有人侵害你的肌肤你就可以得到一万金，你干吗?"禽子说："干。"孟孙阳说："有人砍断你的一段肢体你便可得到一个国家，你干吗?"禽子沉默了很久。孟孙阳说："一根汗毛比肌肤小，肌肤比一段肢体小，这是很明显的。然而一根根汗毛积累起来才成为肌肤，一块块肌肤积累起来才成为一段肢体。一根汗毛固然是整个身体的万分之一，却又为什么要轻视它呢?"禽子说："我没有什么话来回应你。但是用你的话去问老聃、关尹，那你的话是对的；用我话去问大禹、墨翟，那我的话就是对的。"孟孙阳于是回头同他的学生说别的事去了。

自我品评

杨朱和孟孙阳这对组合在书中不止出现过一次，或许当时确有其人，但《列子》不是《三国演义》，不需要借助真实的历史人物塑造典型形象，需要的只是进行对话的主体，所以这些话究竟是实录、是道听途说还是彻底的杜撰都不一定。杨朱这个人的相关资料不多。也没有完整的著作传世，所以不少人都把《列子》中的内容当作研究杨朱的素材。这种做法，很有些好事者的味道，正如有人做过《孔子集语》，把各种古书中提到的孔子说的话全搜集在一起，说起来很像孔子资料大全，其实里面水分很多，至少《庄子》、《列子》里的"孔子"常常只是一个道具。我们对孔子有足够的了解，所以有了这样的判断，但不够了解杨朱，所以无法分辨这些具体的记载，只是从这样的行文惯例来推断，《列子》里描述的杨朱也应该是半真半假的。

除了《列子》，先秦其他一些书中也零星提到过杨朱，并且对他这人的大概轮廓还比较一致。这一节也可以看作是对杨朱的核心思想的阐述，当然，对此我们无法进一步证实。杨朱的论调很有点让人瞠目结舌，简单说就是：拔一毛以利天下，不干！

杨朱这副样子，算是哪门哪派一时还真不好说。我们一般人不专门研究中国哲学史，但大致对著名的诸子百家总还有些耳闻，也就不难感觉到杨朱这个样子肯定和儒家、墨家格格不入，因为这两家都是一副热心公益事业的样子，尤其是墨家倡导一种苦行僧式的利他精神。有人认为墨家的核心是夏禹精神：大禹治水，三过家门而不入，腓无胈，胫无毛——腿上的汗毛全掉光了。而杨朱呢，似乎正好是对着干，一毛不拔。

春秋战国时期，玩理论是一种时尚，我们说那时候叫百家争鸣，其实不过就是一种社会风气，跟我们现在这个热那个热差不多，今天还能知道名字的人物大多是当时"鸣"得足够响的。既然是争鸣，有争就有矛盾，而矛盾双方也必然会有一个相应的态度立场。道家和儒家有矛盾，于是道家时不时会挖苦一下孔子。我们今天还能看到许多诸子著作，一部著作实际上就是一支自家的队伍，道家的著作里总会压制儒家，儒家的著作中也常常打击墨家，谁也不会吃里扒外无端去讴歌别家别派。

《列子》里的杨朱出现得很多，尽管不是小说，但读者的印象仍然会不断叠加，等看完了一系列杨朱的故事，我们会发现这杨朱和其他那些"鸣人"不太一样。大家争鸣，各自都忙不迭摆出一副智者的模样，唯独这杨朱却常常搞怪，他的哲理经常是在不很严肃的甚至是有点调笑的方式中呈现出来的。比如丢了羊就显得无比痛苦的样子，以至于让人误解是个吝啬鬼；比如他兄弟跟自家的狗发生了点小矛盾，他用一句最简单的话把兄弟噎了个半死。然而，从杨朱出场的各个故事，我们又不能不隐隐感觉到这个人的实力，他确实能找出不少有深度的话题，只不过方式经常出人意表。

如果这样看，是不是杨朱和道家就有几分神似了？尽管双方关注的常常不是相同的问题，但他们之间有着一种惺惺相惜的默契——这种默契究竟是什么？能说出来就不叫默契了。我们只需看他们那些相似：道家张扬，杨朱也张扬，杨朱的张扬可以到达极致，自称一毛不拔。静心看这种张扬，又何尝不是一种率真，又何尝不是道家欣赏的天然浑璞？人们都在忙碌着梳理着自己的羽毛，为了最佳的争鸣效果不惜正话反说、假戏真做，处处都是狡黠，往往刻意掩饰。墨子不是讲兼爱和非攻吗，孔子不是讲仁义礼制吗，说到底都是人的利益，但他们都不说"为我"而故意说"为你"，让你这听者听得舒服，听得感动。只有杨朱，他的话语是那么刺耳，自私得近乎邪恶，但仔细想想却又那么令人回味——这人世原本就是那么无奈，或者说人世本来就不是人的世界，天道如此，无以更改。

就像庄子说的那样，山木自寇，膏火自煎，人总是和自己过不去，不仅没有停下来反省的意思，反而变本加厉地消耗着自己那些可怜的小聪明，在不归路上越走越远。在这个问题上，直言不讳往往会刺痛愚蠢而自负的人，而收获的当然是更多恶意的报复。那么，一个合理的假设就出现了：《列子》之所以大谈杨朱，更多的未必是推崇他的理论，而是赞许他的尖锐。他蔑视凡俗世人沾沾自喜的那份小聪明，这小聪明把人心底的欲望包装成美好的理想与追求，一代又一代的人前赴后继、乐此不疲。他揭穿了这种狡黠的掩饰，把欲望还原成它最原始的状态，并声称自己心中只有欲望，再无其他。我们不了解杨朱其人，他的话是写实还是反讽，我们不得而知。

列子观影

【原典】

子列子学于壶丘子林。壶丘子林曰："子知持后，则可言持身矣。"列子曰："愿闻持后。"曰："顾若影，则知之。"列子顾而观影：形枉则影曲，形直则影正。"然则枉直随形而不在影，屈申任物而不在我。此之谓持后而处先。"

关尹谓子列子曰："言美则响美，言恶则响恶；身长则影长，身短则影短。名也者，响也；身也者，影也。故曰：慎尔言，将有和之；慎尔行，将有随之。是故圣人见出以知入，观往以知来，此其所以先知之理也。度在身，稽在人。人爱我，我必爱之；人恶我，我必恶之。汤武爱天下，故王；桀纣恶天下，故亡，此所稽也。稽度皆明而不道也，譬之出不由门，行不从径也。以是求利，不亦难乎？尝观之神农、有炎之德，稽之虞、夏、商、周之书，度诸法士贤人之言，所以存亡废兴而非由此道者，未之有也。"

严恢曰："所为问道者为富。今得珠亦富矣，安用道？"子列子曰："桀纣唯重利而轻道，是以亡。幸哉余未汝语也！人而无义，唯食而已，是鸡狗也。食靡角，胜者为制，是禽兽也。为鸡狗禽兽矣，而欲人之尊己，不可得也。人不尊己，则危辱及之矣。"

——《说符》

【古句新解】

列子想跟壶丘子林学习立足于现世的方法。壶丘子林说："你想学会立足于现世的方法，就必须先要学会立足于后世的方法。"列子问："什么是立足于后世？"壶丘子林说："立足于后世，就是百年之后人们还在想念你、尊敬你。"列子说："我愿学习立足于后世的方法，请先生传授。"壶丘子林说："看看你的影子就知道了。"列子看自己的影子。只见它老是随着自己的形体变化。形体直立，它则直立；形体弯曲，它则弯曲。壶丘子林问："你懂了吗？"

列子说："是不是说，影子的正斜不在影子而在形体，我的正斜不在于我而在于我的行为？是不是说，我的行为合于外界事物则能立得住，不合于外界事物则立不住？"壶丘子林听后满意地笑了笑，没有再说什么。

列子不敢肯定自己的答案是否正确，于是去请教关尹。关尹说："一个人，说话的声音美，别人才听着好听；说话的声音差，别人也听着不好听。身材高，影子才会长；身材短，影子也不会长。所以说，你的言语慎重，自然会有人赞同；你的行为慎重，自然会有人随行。因此说，圣人看到有人出去，就知道他是否还会回来；看到事物的开始，就知道事物的结果。因为每个事物都有一个度数，考察度数就能判断事物的由来和变化。这就好像人爱我我也爱人，人恨我我也恨人一样。汤武爱天下，所以能做天下之王；桀纣害天下，所以终究走向灭亡。这就是所说的度数。度数都很明了而不遵照常规行进，就好像外出不走门、行动不循道一样。如果这样，想要取得成功、求得益身，不是很难吗？你好好去考察一下神农、炎帝的德行，读读虞舜、夏禹、商汤、周公的著作，思考一下历代贤哲圣明的言论，所有存亡兴衰的原因，没有一件不是遵循这一道理的。"

列子将这个道理牢牢记在心中，事必遵此而行。他的学生严恢不以为然，对他说："遵循道理有什么用呢？一个人要学致富，只要他得到了珠宝，他便富有了，要道理做什么？"列子说："有了道理，贫穷者可以致富；失去了道理，富有者可以败亡。夏桀、商纣身为天下之王，珠宝堆积成仓，那个富有可以说是天下第一了，可是没过多久便因破身亡了。你很幸运，还来得及听到其中的道理，不至于走他们的道路。一个人如果没有道义，只知道吃饭，那与鸡狗有什么两样呢？为了一口食物而相互争斗，谁胜了谁就吃，谁败了谁就饿着，那与禽兽有什么两样呢？自己像鸡狗和禽兽一样可又想让人们尊重自己，那是不可能的。人们不尊重自己，那么受侮辱的时刻也就快要到来了！"

自我品评

这个故事包含两层意思：其一是说，要想获得成果，必须造就成因；只有造就成因，才能得到成果。其二是说，造就成因的途径就是遵循道理，脱离事物的道理就会远离目的。

壶丘子林让列子观看自己的影子，为的是说明形体与影子的因果关系。影子的正斜是形体正斜的结果，形体的正斜是影子正斜的原因。想要影子正直而不去校正形体，就永远达不到目的。只有从校正形体入手，才能获得影子正直的效果。

把这种道理推广到人的立身方面，也就是说，要想立足于社会，就必须修养己身。自己的言行正直，才能得到社会的认可；自己为非作歹，大祸也就要临头了。同样的道理，要想留名后世，就不能想入非非，只有扎扎实实为人类做出具有永恒价值的事情，才能给留下永久的纪念。造就成因不是一句空话，它是一个具体的操作过程，这就是遵循事物的道理行事。

人行有道，物化有理。人道物理是客观的存在，不以人的意志为转移。行道遵理，才能功成事就；离道背理，则将事与愿违。故事中的严恢把事物的关系颠倒了，认为只要得到珠宝就可以富有，只要达到目的就可以了事。他不知道，事物都有自己的来由，也都有自己的去向。没有致富的方法，珠宝是不会自己跑来的；获得珠宝的方法不合于道理，不但会得而复失，而且会加倍偿付，甚至引来杀身之祸。没有成事的方法，事情是不会成功的；成事的方法不合于道理，不但会成而复败，而且会加倍付出，以致身败名裂。

至于立身的道理，故事明确指出，这便是道义；不做鸡狗之事，不为禽兽之行，自尊自爱而致人尊人爱。这种观点时至今日都不失其做人的指导意义。以上这两层意思又说明一个共同的道理，这就是，行事能否成功并不在行事之后，而在行事之前。

列子好游

【原典】

初，子列子好游。壶丘子曰："御寇好游，游何所好？"列子曰："游之乐所玩无故。人之游也，观其所见；我之游也，观其所变。游乎游乎!未有能辨其游者。"壶丘子曰："御寇之游固与人同欤，而曰固与人异欤!凡所见，亦恒见其变。玩彼物之无故，不知我亦无故。务外游，不知务内观。外游者，求备于物；内观者，取足于身。取足于身，游之至也；求备于物，游之不至也。"于是列子终身不出，自以为不知游。壶丘子曰："游其至乎!至游者，不知所适；至观者，不知所眠。物物皆游矣，物物皆观矣，是我之所谓游，是我之所谓观也。故曰：游其至矣乎!游其至矣乎!"

——《仲尼》

【古句新解】

一开始，列子喜好游览。壶丘子说："御寇喜好游览，游览有什么好玩的呢？"列子说："游览的快乐在于观赏的东西没有陈旧的。一般人游览，观赏的是所见到的东西；我游览，观赏的是变幻的东西。游览啊游览啊!没有人能分辨游览之中的微妙。"壶丘子说："御寇的游览本来跟一般人相同，还非要说本来就跟一般人不同呢!凡有所见，必然会同时见到这些东西的变幻。观赏外物的常变常新，却不知道自己也绝非过去的自己。只知道观赏外物，却不知道观察自己。观赏外物的，实际是要求外物能面面俱到；观察自己的，才是充分发掘自身。充分发掘自身，是游览的最高境界；要求外物面面俱到，并不是游览的最高境界。"于是列子终身不再外出，自己认为不懂得游览。壶丘子说："游览的最高境界啊！最高境界的游览者不知身在哪里；最高境界的欣赏者不知看到了什么。什么都可以游览，什么都观赏到了，这是我所说的游览，这是我所说的观赏。所以说：游览的最高境界啊！游览的最高境界啊！"

自我品评

宋代有个好事者写了一本小书，里面都是道家色彩很重的言论，书名就题为《至游子》。既然这个"游"是一块非常著名的招牌，那倒有必要作一番分析，看看它究竟为什么如此受人青睐。

首先，这个"游"字很让人困惑，在行文中，"子列子好游"并没有什么不可理解之处，然而，用现代汉语把这话说出来我们不得不另外组个词，因为光说"列子喜欢游"实在太别扭。可要组词的时候就会发现，这事情不好办，我们现在看到这个字能很快想出来的词有游览、游玩、游历、游荡、旅游、出游、漫游等等，但这些词汇一般都有附加含义，比如游览、游玩都强调娱乐休闲的意思，游历则偏重经历，游荡又同时表示无所事事，而列子的游既不强调动机。也不关注收获，仅仅是表示这样一个行为，这么说来，倒是很有点接近我们现在常说的梦游、神游的那个游。没办法，译文勉强用"游览"来应付一下，读的时候心里有数就行。其次，为什么无端拿一个"游"来说事呢？同样在《庄子》中，第一篇也被取名为《逍遥游》，或许《列子》的作者是跟庄子学的，但至少说明"游"这个意象有其特殊的价值。人生在世，所作所为要是细分的话，无疑能列举成千上万种，若要选取其中一种来代表其余，"游"恐怕是很好的候选项之一。这件事伸缩性很强：最抽象的，我们称整个人生为"数十载的人世游"；最具体的，我们每天都得动窝，就算是在斗室里散步也可以算作小小的"游"。游，伴随一生的活动，用它来象征、喻指人的所有活动、行为，固然是恰当的选择。然而妙处还不止于此，如果仅仅是这样，很多事都符合，吃饭、睡觉、上厕所……伴随一生的事太多了，为什么"游"比这些更合适呢？因为"游"是主动行为，吃饭睡觉则是被动的。其实，很多人并不见得想吃饭睡觉，只是不做要死人的，再不喜欢也得做。而"游"恰恰相反，不"游"不会死人，偶尔有些极特殊情形的人就是在"不游"的状态下生存了多年甚至一生，可见"游"是人发自内心的需求，而不是无奈的选择。也正因为如此，每个人选择不同的方式、不同的目标去"游"也就打造了各不相同的自我，而我们却不会认为每天换一种食物或换个地方睡觉有同样的意义。另外，读书、唱歌之类虽说也是能够彰显个性的主动追求，却又并非适合所有的人。看来看去，还是用"游"合适。

　　第三，要回来看列子的著名的"游"究竟有什么特色了。既然如上所述，"游"是一个有着优秀天赋的词语，它有极大的想象、比拟的空间，可以用来充分喻指人的种种行为、活动，那么，像《列子》这样的道家著作当然不会只用它来说些鸡毛蒜皮的生活琐事，于是，有了"内观"和"外游"。如果照我们生活中的假日旅游来联想，外游当然要比内观爽得多，但在这一节里，我们看到的是提倡内观、轻视外游。这里的内观、外游所比拟的是人生中相对严肃的大问题，关系到人对种种活动的一个基本理念。

理无常是

【原典】

鲁施氏有二子，其一好学，其一好兵。好学者以术干齐侯，齐侯纳之，以为诸公子之傅。好兵者之楚，以法干楚王，王悦之，以为军正。禄富其家，爵荣其亲。施氏之邻人孟氏同有二子，所业亦同，而窘于贫。美施氏之有，因从请进趋之方。二子以实告孟氏。孟氏之一子之秦，以术干秦王。秦王曰："当今诸侯力争，所务兵食而已。若用仁义治吾国，是灭亡之道。"遂宫而放之。其一子之卫，以法干卫侯。卫侯曰："吾弱国也，而摄乎大国之间。大国吾事之，小国吾抚之，是求安之道。若赖兵权，灭亡可待矣。若全而归之，适于他国，为吾之患不轻矣。"遂刖之，而还诸鲁。既反，孟氏之父子叩胸而让施氏。施氏曰："凡得时者昌，失时者亡。子道与吾同，而功与吾异，失时者也，非行之谬也。且天下理无常是，事无常非。先日所用，今或弃之；今之所弃，后或用之。此用与不用，无定是非也。投隙抵时，应事无方，属乎智。智苟不足，使若博如孔丘，术如吕尚，焉往而不穷哉？"孟氏父子舍然无愠容，曰："吾知之矣。子勿重言。"

——《说符》

【古句新解】

鲁国的施氏有两个儿子，一个喜好学问，一个喜好军事。喜好学问的以谈论仁义之术去见齐侯，齐侯接纳了他，让他做各位公子的老师。喜好军事的到了楚国，用兵法去见楚王，楚王很高兴，让他做了军正，俸禄使全家富裕起来，爵位使亲人荣耀起来。施氏的邻居孟氏同样有两个儿子，所学也相同，却生活贫困窘迫。羡慕施氏的富有，便去请教有所作为的方法。施氏两个儿子就如实告诉了孟氏。孟氏的一个儿子到了秦国，以谈论仁义之术见秦王。秦王说："现在各国诸侯武力竞争，所做的不过是增强军力与粮食罢了。你要是用仁义之术治理我的国家那是天亡之道。"于是施以宫刑并流放了他。另一个儿子到了卫国，以谈论兵法去见卫侯。卫侯说："我们是弱国，却夹在大国之间。对大国我们加以侍奉，对小国我们加以安抚，这样才是求平安的做法。你要是依靠用兵的权谋，天亡是指日可待的。要是让你全身而返，到了别的国家，那可是我国不轻的祸患。"于是砍断他的脚，送回鲁国。回家以后，孟氏父子捶胸顿足地责骂施氏。施氏说："凡是适合时宜的人便昌盛，违背时宜的人便天亡。你们的道术与我们相同，而事功却与我们不同，是违背时宜所致，不是行为的谬误。而且天下的事理没有总是对的，也没有总是错的。以前使用的，或许就是现在放弃的；现在放弃的，也可能是以后会使用的。这种使用与不用，并没有一定的是非对错。抓住机会，把握时宜，处理事情没有刻板教条的方式，这要靠智力。如果智力不够，即使博学像孔丘，计谋如吕尚，到哪里能不困窘呢？"孟氏父子一下子明白了，不再表现出怨恨，说："我明白了，你不要再说了。"

自我品评

在《周易》中，"时"不仅指物理意义的时间，如年、月、日、时之类，《系辞》中说："刚弱者，立本者也；变通者，趣时者也。""君子藏器于身，待时而动，何不利之有。"而乾卦作为《易经》的开篇，更是不断在强调一个"时"："见龙在田，时舍也。""终日乾乾，与时偕行。""亢龙有悔，与时偕极。"……这些"时"不再是简单的早晚久暂，它是借用时间的名义来指称各种不同的势态、局面，它包含一个特定的时空中人们的观念、愿望、能力、情绪等多种复杂的要素，这些要素对于处在这个时空的个体的人来说，有着强大的制约作用，也有着极大的帮助、推动能力。社会的、整体人群的状况被总称为"时"，个人的状况则相应地被称作"位"，位与时相顺相合则成，位与时相忤相逆则败。后世的各种论述性文字中阐发这个道理的可谓屡见不鲜，有不少也是结合实例进行分析的。例如在军事上，《孙子兵法》提出置之死地而后生，汉代名将韩信将理论付诸实践，有了经典的背水一战。但演绎一场背水之战需要许多前提和条件，也就是"时"。如果无视这一切，盲目地认为背水一战是绝对正确的方案，那很可能就"置之死地而不生"了。

这一番议论的关键句是："投隙抵时，应事无方，属乎智。智苟不足，使若博如孔丘，术如吕尚，焉往而不穷哉？"很显然，这话是针对孟氏而言的，也就是说孟氏的"智"不太够用。这样，我们自然会觉得这里的关键是"智"，如果有智，那孟氏就不致如此。终于，孟氏父子心悦诚服地认为自己是"无智"，很高兴、很轻松——这合理吗？如果是这样，孟氏可以说是傻到根了的，而这段文字则是以孟氏作为嘲笑的对象。

我们再来看看《列子》中对"智"是什么态度：愚公移山的故事里，主角叫愚公，而反面人物名字就叫智叟；朝三暮四的故事里，说狙公对付猴子的手段就如"圣人以智笼群愚"；玉雕楮叶的故事里，列子直接说"圣人恃道化而不恃智巧"。秉承庄子"绝圣弃智"的论调，《列子》中一贯否定与自然相对抗的"智"，此外还有一些和力并称的"智"作为中性词出现，也没有因多智而夸赞炫耀的意思。由此，也有人对这一节产生了怀疑，明代学者朱得之作《列子通义》就说"此非列子之言也，审矣"。当然，这只是一种思路，我们也不妨假设这话并不是一个错误，而是别有内涵。投隙抵时并不是一个褒义词，应事无

方就更不必说了，把这两点归之于"智"，这本身就是有着鲜明的排斥倾向的。有一个版本把"智苟不足"写作"智苟足"，意思倒是通顺了，语句却十分别扭，所以一般还是把这个"不"留着。

如果这样，两句话就必须连起来读："智"不够用，同时又"博如孔丘"或"术如吕尚"，那可真要倒大霉了。所谓的博学多术，同样是道家所不欣赏的，在他们看来，这都是无益于生命的把戏，但因为能带来权力、荣誉和利益，所以受到世人热切的追逐。这是一种充满危险和损害的游戏，一旦进入角色，就必须不断用自己的"智"来保护自己，如果不够用或有所闪失，那就如同在战场上失去了盔甲，随时会受到致命的伤害。而过分用智本身，又是一种对生命的透支。如此看来，进入这种博学多术的游戏本身就是找死，要么耗尽精力死于用智，要么疏于自卫死于不用智。施氏获得的，不过是一种世俗的荣耀，你满足于此，可以认为他成功了，但他必须终生沉溺于用智来进行自我保护，直至耗尽心力，再不得享受天然安详的生命之乐。

简子放生

【原典】

邯郸之民以正月之旦献鸠于简子，简子大悦，厚赏之。客问其故。简子曰："正旦放生，示有恩也。"客曰："民知君之欲放之，故竞而捕之，死者众矣。君如欲生之，不若禁民勿捕。捕而放之，恩过不相补矣。"简子曰："然。"

——《说符》

【古句新解】

春秋战国时期邯郸的百姓每到正月初一就将自己养的小鸟献给赵简子。因为赵简子会给献鸟者以丰厚的奖赏。赵简子的客人问其中的原因，赵简子说："这叫买鸟放生。在这个好日子，把鸟放回到自然界之中，让它们过自由的生活，不是很大的恩德吗？不但对鸟是很大的恩德，而且可以引导人们爱鸟、向善，培养人们仁慈的性格。这是一举两得的事情呀！为什么不做呢？"客人听后长叹一声说："可怜呀！今后的小鸟没几天好日子过了，不是被捉，就是死亡。"赵简子问："为什么？"客人回答说："您想想，如果您不买鸟放生，捉鸟的人也会有，但要少一些。您买鸟放生，有鸟的人会从您这里得到一大笔钱，没有鸟的人也会想方设法地去捉鸟，那鸟还有活路吗？"赵简子一听满有道理，说："依您所见，该怎么办呢？"客人说："与其买鸟放生，不如禁止捕鸟。禁止捕鸟才能起到保护小鸟，引人向善的作用。"于是，赵简子听从了客人的劝告。

自我品评

中国春节民俗纷繁多样，但民俗中，都包含"放生"的内容。在古人看来，春节并非只是人类的节日，它是人与自然万物共同的节日。

关于放生，最早的记载始于赵简子。春秋时期，晋国建都邯郸。晋国有一个势焰熏天的大臣赵简子，他就喜欢在过年时让老百姓替他捉斑鸠鸟送到他府中，让他放生。后代春节放生多选在初八，因为这一天是传说中谷子的生日，对于农耕社会来说，谷是命脉，这一天人们要观谷、食谷和养谷。鸟是吃谷的，会抢夺人的收成，所以这一天要放生（主要是鸟和鱼），表达好生之德，同时也贿赂一下鸟类，让它们嘴下留情。

放生表达了人与自然和谐的善意，而不打捞、捕捉放生的动物，更体现了敬畏之心，有了善意与敬畏之心，和谐才会有保障。选择放生，还有一个理由，就是初八是顺星之日，可以让星宿看到自己的善行。每人每年都有一位值年星宿，决定着一年的命运，初八是"诸星下界"之日，此日要祭祀星君，求得保佑。如今人们都是正月十五吃元宵，其实是正月初八吃，以示圆满。

有趣的是，古人到郊区，多是为了表达对自然的尊重而去，不仅要放生，还要提供多余的食物给野生动物们吃，在没有汽车的年代，带孩子下乡是件很累的事。如今有了汽车，人们到郊区除了留下许多垃圾之外，还要放鞭炮，把野生动物吓得四散奔逃。传统的春节本来也是野生动物们的节日，如今只剩下人类单方面的庆典。

在这个故事中，有两个人对事物的前景做预测：一个是赵简子，一个是客人。实践证明客人的预测是正确的。相比之下，赵简子的预测则是不正确的。客人的预测之所以正确，在于他摸准了事物发展的脉络和人们的心理，从事物的根本做起。赵简子的预测之所以不正确，在于他仅只停留在事物的表面而没有深入于事物的本质，仅只看到人们的表现而没有体察出人们的内心世界。

赵简子放生是为了还给小鸟自由。然而，与其还给小鸟自由，不如原本就不要限制小鸟的自由。先限制而后还给，那岂不是舍其近而求其远，弃其本而求其末。而鼓励放生正是这种舍本求末的愚蠢行动，而且还会造成适得其反的效果。因为放生的前提是捕生，没有捕生也就谈不上放生。所以直接鼓励放生也就是间接鼓励捕生。这样一来，不但不能达到给小鸟自由的目的，而且还有可能在更大范围内造成限制小鸟自由的恶果。

赵简子奖赏献鸟，是为了引导人向善，而人们争相献鸟，是为了得到奖赏。人们要想得赏就得献鸟，要献鸟就得有鸟，要想有鸟就得捕鸟。所以，赵简子从导人向善的目的出发，得到的却是引导人行恶的结果。

故事告诉人们，预期得到好的效果，只有良好愿望是不行的，必须对事物的本质有所认识，并依照其本质的需要采取相应的措施。否则的话便会徒劳无功甚至事与愿违。

清贞误善

【原典】

杨朱曰："伯夷非亡欲，矜清之邮，以放饿死。展季非亡情，矜贞之邮，以放寡宗。清贞之误善之若此。"

——《杨朱》

【古句新解】

杨朱说："伯夷不是没有欲望，但错在吝惜高洁的名声，以至于饿死了。展季不是没有人情，但错在吝惜有操守的名声，以至于宗人稀少。高洁与有操守的美名就这样把两个好人耽误了。"

自我品评

伯夷、叔齐兄弟俩耻食周粟，在首阳山采薇而食，最终饿死，这个故事流传很广，无需多说。至于展季，人们更熟悉他另一个名字：柳下惠，就是那个坐怀不乱的。

只要是杨朱一出来，话往往就说得特别尖刻。这里说的两件事中，伯夷最终是饿死了不假，那柳下惠却何曾少了子孙？过去人们尊称柳下惠为"和圣"，史书中有不少关于他的记载，甚至有专门为他编制的年谱，不过年代久远，很多说法彼此有矛盾，但至少可以肯定他是有子孙传承的，现在的柳姓、展姓都尊他为始祖。退一步说，即便柳下惠子孙不旺，甚至断了香火，难道就得怪他坐怀不乱？随便跟什么女人做了苟且之事，多些私生子，便可免了"寡宗"的后果？拿名人说事总不免有些强词夺理，从古到今都是这样，而说话难听又是杨朱的固有特色，所以细节上无需多加辩驳，还是以事理为主。他说的"名"能误人并非没有道理，不过他是一个坚决主张要利不要名的，常人说到利往往羞羞答答，而杨朱索性用最恶俗的话来谈自己的观点，也可以说是别有趣味。

面对熟人，实在免不了尴尬。思前想后，都怪自己心太活，无端去求那劳什子功名，现在可好，耽误了多少时间不说，面子上也好难看……这样的自责最多见，可多少有点言不由衷，不过是情绪上受了打击，说些酸葡萄的话来自我安慰一下，若是一帆风顺金榜题名，哪里还会去怪自己贪名呢？况且，真是自己贪求这个"名"，出了事还可说是活该，更有很多本来说不上是有意逐名的人，无端被名追逐，那引起麻烦来可就不只是卢纶那样的小小尴尬了。

很多年前，有一部黄梅戏电视剧叫《朱熹与丽娘》，深切地演说了"名"的可怕。朱熹是著名的大儒，自幼勤奋好学，集毕生精力发展和完善了理学思想体系。关于理学，即便是一个简介也会占据太大的篇幅，这里只能挑些和剧情有关的说。理学可以说是一门政治色彩很浓厚的哲学，它通过对人们日常言行的分析，提出一系列的约定，并希望借此教育人们知书识理、陶冶情操进而使社会和谐稳定。儒家的理想本来如此，而这或许早就注定了朱熹和他的理学必然会与"名"结下不解之缘：如果无名，这样的学问就没有足够的实施空间，失去了它存在的意义；可如果出名，那"名"就不免结合着源自社会的巨大力量，这种力量达到一定程度，就会让学问失控。我们熟知"吃人的礼教"，熟知封建纲常的恶劣，然而事实上，可怜的朱夫子又何尝是个恶人，甚至连无心作恶都算不上。

剧中的朱熹出场时便已经是一个闻名海内的大学者，虽然只是在风景宜人的武夷山上讲学，但各路官员都对他礼敬有加，连皇帝都客客气气。这不是，前不多久他刚向皇帝申报了一个为夫守节的贞女楷模，皇帝照例批准，还特批为她建一幢贞节楼。剧情就在柳家的一桩冥婚的场景中展开，新郎只是一个牌位，而新娘则是一个名叫胡丽娘的妙龄少女。皇帝的关注是人世间莫大的荣耀，可这种以牺牲一生幸福为代价的"名"又有谁会喜欢呢？于是，在一场离奇的火灾之后，聪明的丽娘金蝉脱壳结束了这尚未开始的囚禁人生。然而，名人要获得新生是不太现实的，胡丽娘的所谓自杀殉夫又成了人们赞叹的缘由，官员们再一次找到朱熹，朱熹为之题词"贞烈可风"。如此一来，意味着胡丽娘再不能以自己的真实身份出现于世。丽娘把一切怨恨集中到了朱熹身上，她只身来到朱熹的书院，拜他为师，准备以才艺和美色引诱他，最终使其身败名裂。

后来的事情并没有如任何人预料的那般发展，实施诱捕的胡丽娘和笃信"存天理灭人欲"的朱熹在交往中产生了炽烈的爱情，双双难以自拔，反倒成了一对天生美眷。好景不长，社会的记忆不可能很快忘记一个名人，隐居深山的朱熹也逃不过世人怀疑的嗅觉。胡丽娘"妇德楷模"的美名使她无法同时保全朱熹和自己，而一代宗师的美名也让朱熹无从去修正他一手创建又被异化得明显有违他初衷的社会观念。这时候，这位理学的创始人、礼教的卫道者只能眼睁睁地看着自己苦心经营半世的思想体系摧毁自己的爱情和生活，他的思想不可谓不精深，但社会的过滤、筛选可以轻而易举地借尸还魂，.姑且不说他的理学给芸芸众生带来了什么，在他自己身上便已形成一个解不开的死结。为了保全爱人的"名"，胡丽娘又一次走进了大火之中，这一次她再没有出来。于是，朱夫子并非与那个贞女有什么瓜葛，而武夷山从此也流传开一个美丽的故事：朱夫子的学问感天动地，甚至引来美丽的狐仙求学问道，学成之后在火中脱俗……也许她是殉情，也许她是殉道，但仔细想来，终究还是殉名。她母亲严蕊的《卜算子》再一次伴着优美的旋律响起：

不是爱风尘，似被前缘误。花落花开自有时，总赖东君主。去也终须去，住也如何住，待到山花插满头，莫问奴归处。

片子的结尾，已是暮年的朱熹带着一个少年蹒跚地走到山间一座坟茔之前，朱熹命孩子祭拜，自己不由悲从中来，老泪纵横。名，不仅能杀人，还能杀心；不仅能杀求名的人，也能杀不求名甚至避名的人。于是，杨朱漠视这个世界，多少人费尽心力去博取的功名、事业、理想，看起来那么崇高，那么激动人心，可哪一样不是被"名"包装起来的狗苟蝇营呢？杨朱和伯夷，本来都是好端端的人。结果，社会给了伯夷好大的"名"，伯夷却反而被妖魔化了；杨朱有感于此，索性先把自己妖魔化。这个做法，很像魏晋文人刻意放诞不羁的用意。

子列子穷

【原典】

子列子穷，容貌有饥色。客有言之郑子阳者曰："列御寇盖有道之士也，居君之国而穷，君无乃为不好士乎？"郑子阳即令官遗之粟。子列子出见使者，再拜而辞，使者去。子列子入，其妻望之而拊心曰："妾闻为有道者之妻子皆得佚乐。今有饥色，君过而遗先生食，先生不受，岂不命也哉？"子列子笑谓之曰："君非自知我也，以人之言而遗我粟，至其罪我也，又且以人之言，此吾所以不受也。"其卒，民果作难而杀子阳。

——《说符》

【古句新解】

列子生活困窘，容貌带有饥饿之色。有人对郑国宰相子阳说："列御寇是个有道的高人，住在您的国家里而生活困窘，您不成了不喜欢有道之士的人了吗？"郑子阳立即命令官吏给列子送去粮食。列子出来接见使者，拜了两拜后拒绝接受，使者只得返回。列子进屋，他的妻子拍着胸口看着他说："我听说做有道高人的妻子都能得到安佚和快乐。现在我们面有饥色，国相派人来给你送粮食，你却不接受，难道不想生活下去了吗？"列子笑着对她说："国相不是自己知道我，而是听了别人的话才送给我粮食的；等到他要加罪于我时，照样又会去听别人的话，这就是我不接受的原因。"后来，百姓们果然作乱杀掉了子阳。

自我品评

在一般人眼里，能够预测高端人物的成败是一种了不起的智慧。在政治上，一个人是不是能跟对主人尤为重要，依附这股势力和依附那股势力的后果往往是天差地别，但有一点可以肯定，这种选择必定是赌博式的，想脚踩两只船、见风使舵，可能什么好处也捞不到。尽管跟对了人只是一个前提，自己是否有本事、是否能充分展现出本事才是成就一个人物的关键，可是在局势并不明朗的时候就能准确选择依然是人们津津乐道的。甚至史书中常常出现一些妇女，就因为替儿子或老公指点过如何押赌注，并且事后证明她是正确的，于是便成了著名的贤妇人。

道家在这个问题上十分矛盾，不是理论上自相矛盾，更不是某一个具体的道家学者在此问题上犹疑不定，而是当政治找到各种道家人物头上的时候，每个人所处的具体情境不尽相同，随之生出的种种言论也就各执一词，以至于后人常常说不清这道家究竟对政治是个什么态度。道家的掌门人老子似乎没有碰到现实的政治问题，据说他原本就是个贵族——那个年代里贵族、官、文化人、学者基本就是一回事。但是没听说他卷入什么大的政治纠葛，也就无所谓依附哪一个，后来自作主张骑了头牛出国了，临走前留了一部《道德经》。后来，到了庄子的时候就有人邀请了，但庄子好像看不上这些雇主，梁国的国相惠施是他的朋友，他说惠施就像一只猫头鹰，居然对死老鼠很有胃口，所谓死老鼠自然就是国相的职位。楚国也想请他出来做官，他很幽默地告诉人家：我就是一只乌龟，晃着尾巴在泥滩上四处乱爬的那种，而不是被当成神灵宝贝放在庙堂上祭供的那种。再往后，道家人物就时不时有跻身政坛的了，把老庄没机会或不愿意使用的好多法门拿来付诸实践，颇有一些名垂青史的人物。但是，出了老庄思想的根了，这些人多出现于拨乱反正的时代，即便获得了不小的成功往往也能低调处世，看着事情办得差不多了自己也就清闲地养生去了，实在脱不开身的也不会像一般人那么激动甚至忘乎所以、招灾惹祸。

既然如此，《列子》中突然冒出一段故事吹嘘他鉴别时势的能力，这不是有些奇怪吗？仔细想一下，就知道怎么回事了。

相比之下，儒家入世，道家出世。故而虽说都是搞理论，可孔子并不缺钱，自己常常不做官，学生中却有冉有、公西华这样的富贵者，维持讲学、周游的开销不成问题；道家就不行了，常常出现一些饥饱问题，以至于庄子还得到河监侯那里借点米下锅——毕竟道是不能当饭吃的。列子大抵也是遇到了类似的麻烦，好在道家的人比较想得通，实在是穷就凑合一下，不出人命就行。可列子想得通，列夫人就未必了。这里不谈性别歧视的话题，说妇女比较关注家庭的物质问题总归大致不错，而且这个列夫人带着情绪说话，开口就要求"佚乐"，这才是这一节的核心！

物质的匮乏总是会成为家庭纠纷的由头，从古至今都是一个样，妇女作为家庭运转的轴承，自然对此十分敏感，再加上种种其他因素，妇女常常就成为一种苛刻、短视的形象。史书和民间故事中，比较著名的夫妻矛盾就有姜子牙、朱买臣的故事，这两个人本来八百杆子打不着，但都属于大器晚成的类型，想来早先都因为安贫乐道受够了老婆的絮叨，而且是到了闹离婚的程度，后来民间传说就把两个人的故事编成了一样的版本，说最后成名了，大红大紫了，老婆又来申请复婚。于是，男主角很牛地端起一盆水就地一泼，问道：这泼出去的水可能收回来？这样的故事很解气，特别是爷们儿看着更觉得爽。还有一种是嫂子做主角的，比如苏秦、韩信之类，但也不外乎成名之后对当初的冷遇加以奚落报复。故事情节的雷同，只能说明社会心态的趋向，人都不可避免地热衷于富贵，而富贵者本来就是玩政治、玩军事的一批成功者，他们的目标就是求胜，他们的特长就是城府深。

　　但道家的兴趣不在于此，他们的处置方式也就另辟蹊径了。道家和姜子牙他们不同，常常到最后也没有实践操作的机会，每每总是在边上观棋的，悄悄地发些议论，说对了他们也就跟着成功了。列子就是用的这个路子：你看，我不接受那点粮食有道理吧! 别老是贪图那些蝇头小利，看问题还要把眼光放远些才对。

人有亡鈇

【原典】

人有亡鈇者，意其邻之子，视其行步，窃鈇也；颜色，窃鈇也；言语，窃鈇也；动作态度无为而不窃鈇也。俄而相其谷而得其鈇，他日复见其邻人之子，动作态度无似窃鈇者。

——《说符》

【古句新解】

有个人丢失了一把斧子，怀疑是他邻居家的孩子偷的，看那个孩子走路，像偷斧子的；脸色，像偷斧子的；说话，像偷斧子的；动作神态没有什么不像偷斧子的。不久他在山谷里挖掘，找到了那把斧子。过了几天，又见到邻居家的孩子，动作神态没有什么像偷斧子的了。

自我品评

在这个故事中并没有依托什么名人，情节也没有刻意描写，这大概就是它没有成长为常用成语的缘故。但它提到的这个现象，对人们来说并不陌生，用现代心理学的术语来说，这就是心理自我暗示。古人没听说过西方的心理学，也不会像西方人那么"科学"、"客观"地去归纳问题，在道家看来，暗示就是一种小聪明，能耗很大，但收效未必很好，尤其是常常会出现失控的情形。

我们今天所说的暗示，的确有不少正面使用的例子，即便是古代道家在养生、军事等方面也常常主动运用，只是当时人们是否如我们现在一样把这些运用和杞人忧天、疑人窃斧之类的寓言看成是同一本质的。如果我们去翻翻《史记》，好多故事里都充斥着暗示：鸿门宴上范增一个劲儿冲着项羽举玉玦就是一个标准的暗示，玦、决同音，那是叫项羽赶紧决断。还有那个陈平，一个年轻俊俏的奶油小生乘船过河，不想上了条贼船，让船老大惦记上了。陈平感觉不妙，索性脱了上衣帮老大撑船，套个近乎是次要，关键是这一脱衣服就等于明白告诉对方——看见了吧，我身上并无金银珠宝。由此一来，真个打消了船老大图财害命的念头。这些一对一的暗示大约相当于不能、不便用语言表达的时候采用的变通方式，在生活中也十分常见，尚且谈不上是小聪明。要是如陈胜所采用的手段，便有些小聪明的意味了。陈胜就是那个推翻秦王朝的始作俑者，率领一帮苦力在大泽乡起义造反的。平白无故要一群互不熟悉的人相信你，以至于跟你去进行造反这样的大赌博、大冒险，那显然不能通过一个个谈心来解决，即便是暗示，举个玉玦、脱个上衣也是不管用的，因为这不仅是简单地传达个信息，还必须有一些心理上的强迫和裹胁，是吓人也好，是骗人也罢，总要耍些花样，到了这个程度就不能不说是小聪明了。陈胜起义的故事差不多也是家喻户晓的，他安排亲信半夜里到古庙中假装狐狸叫，又在大伙儿准备杀了吃的鱼肚子里放上伪造的"天书"，其内容都是说陈胜要称王了。以我们今天的文化人眼光来看，这简直都是小儿科的把戏，但在那个时代，在那样一群人中这把戏已经足够高明了，最终事实也证明陈胜真的是振臂一呼，众人响应。这个把戏所产生的效应就和丢斧子那个人很像了——先有了个概念，然后越琢磨越像那么回事。

如果我们设身处地想一下，陈胜要称王的信息在同一个时间以诡谲莫测的方式传送给了许多人，这些人必然会进行互相的印证、传播，只要你是其中一员，无论是否是第一时间接收了这个信息，总会一而再、再而三地听人说起，于是，一个本来无关紧要的说法经过不断重复，信息就会变得十分真实、强烈。丢斧子那位不过是自己给自己强化，尚且功效显著，如果很多人一齐来进行强化，那么产生多大的效应也都不奇怪了。这一点，对我们来说简直是常识了，三人成虎、曾参杀人都是这样的故事。各个故事中的不同只是在于究竟是当事人不小心上了这样的当，还是利用人性中的这个常见漏洞故意设了局使人上当。

在道家看来，设这样的局让人上当的，诸如陈胜之类都只是耍小聪明而已，并不值得推许。因为这局终究是人设的，它可能一时骗过了人而达到目的，但决不会是浑然天成的完美，这就是人为计谋与天然大道的本质区别。然而，孤立地面对道家著作的一章一节，我们常常会想不通，常常会说：话是很有道理，不过……

不过什么？在这一则中，人们会说：不过，以此为方法、为手段终究能够达到一定的目的，至少说明这样的小聪明还是有利用价值的，古代的谣言会越传越像，现代的谣言也一样。很多东西都变了，人心人性中这些基本的特征并没有多大变化，老掉牙的把戏再过几个世纪照样有人上当。

如果这样说，讨论是继续不下去的。因为凡是讨论，必须有相同的前提，道家的重要前提之一就是主张忘却利害，回归自然。我们如果想着"利用"那些小聪明，那就已经先回到了钩心斗角的现实中，心中充斥着利害之辨，欣赏这样的小聪明自然也是顺理成章的事，只不过不能再以此来和道家的寓言计较争辩了。道家的著作，总要融在它自身的理念和思维方式之中才能通畅地读下去。

道家要说的话相对复杂，是一套有系统的思想。但他们的传递方式很相似，陈胜是利用了这些人互相传播而达到反复强化的效果，而道家则是左一段故事、右一番理论，同样为了反复强化。如此看来，这样的小聪明无论道家如何看不起，至少在自家著书立说的时候终究是忍不住要暗中使用的。

第六章 至言无言

——列子原来这样说口才

　　虚己顺物。"虚己"就是含藏己意，至言去言。《黄帝》中列子"乘风而归"的故事说的就是这个意思，列子师老商氏九年之后，能纵心而想，随口而言，而心不念自我的是非利害，口不系他人的是非利害，内心的存想和对外物的挂念一切全无，最后他"心凝形释，骨肉都融，不觉形之所倚，足之所履，心之所念，言之所藏"，达到了那种物我皆忘的境界，完全摆脱了周围环境和己身感官的限制，因而能任随风吹而东西飘荡。与他物相处也循此理。"海上沤鸟"的故事就是最好的例证，不藏心机，沤鸟百住而不止。有心取之，沤鸟舞而不下。"顺物"就是顺乎物性，至为无为，和同于物。《黄帝》中讲远古时代的圣人完全通晓万物的性情、状态，全部懂得异类的声叫，并依其本性，顺其喜怒，结果和它们交往自如，和谐共处。

至言无言

【原典】

白公问孔子曰:"人可与微言乎?"孔子不应。白公问曰:"若以石投水,何如?"孔子曰:"吴之善没者能取之。"曰:"若以水投水,何如?"孔子曰:"淄渑之合,易牙尝而知之。"白公曰:"人固不可与微言乎?"孔子曰:"何为不可? 唯知言之谓者乎!夫知言之谓者,不以言言也。争鱼者濡,逐兽者趋,非乐之也。故至言去言,至为无为。夫浅知之所争者末矣。"白公不得已,遂死于浴室。

——《说符》

【古句新解】

白公问孔子说:"人可以和别人密谋吗?"孔子不回答。白公又问道:"如果把石头投入水中,怎么样?"孔子说:"吴国善于潜水的人能取到它。"白公又问:"如果把水投入水中,怎么样?"孔子说:"淄水与渑水混合在一起,易牙尝一尝就能分辨出来。"白公说:"人本来就不能和别人密谋吗?"孔子说:"为什么不可以? 但这只是说懂得语言的人吧!所谓懂得语言的人,是指不用语言来表达意思的人。争夺鱼的浑身湿透,追逐兽的一路狂奔,并不是有乐趣的。所以最高的语言是不用语言,最高的作为是无所作为。那些知识浅薄的人所争论的都是些细枝末节。"白公不能停止自己叛乱的计划。终于死在浴室里。

要读这一段，先要搞明白当时的背景事件。春秋晚期，楚国是南方一个相对强盛的大国，但其内部也有不少矛盾。楚平王做国君时跟他的继承人太子建发生了冲突，太子建流亡到了郑国，又与晋人谋划袭击郑国，结果事情败露而被杀。这里所说的白公就是太子建的儿子，名字叫胜，很多地方都称之为白公胜。太子建被郑人杀了以后，白公胜先是逃到吴国，后来楚国的令尹子西把他召回楚国，让他做了巢大夫，有了白公的封号。但当时的巢地已被吴国占领，所以白公真正的领地是在现在的河南息县东。白公胜回国后，采取了一系列有效的政治措施，积极争取民众。正好吴国派兵前来，被白公胜打败。于是他以献捷为名，领兵进入楚国国都郢，顺势发动政变。这场政变，白公胜一度占了上风，但没有获得最终的胜利，后来被楚国的各路势力联兵击败，白公胜也落了个自缢身亡的下场。

要是从历史政治的角度分析白公胜的是非成败，那可真的说来话长。幸好，我们现在要谈的并非这个话题，现在只需要知道这样一些信息：白公是一个叛乱者，他曾经准备与孔子谋划却遭到了拒绝。

仔细看他们的对话，艺术而含蓄。同样一件事，怎么让他们这么一说就如此回味无穷呢？这是我们现在要关注的重点。说话，本来是再简单不过的事情，就是有了什么想法用语言把它表现出来，让别人也能明白。可是随着人类活动日益复杂，慢慢地，说话变得不再那么简单。人和人之间纠缠了无数的利益、矛盾、冲突、误解，语言也就因此被繁琐化，一句话除了它本身所表达的意思之外又附加了很多额外的含义，于是，说出话来一不小心便会产生不可预料的后果，严重的甚至会因此丢掉性命，病从口入，祸从口出，一点都不夸张。玄谈的风气也正是在这样的背景之下形成，战国和魏晋都属于乱世，战国时期的好多人都在关心如何使天下得以治理，让百姓能够安居乐业，其中人世精神比较淡的道家也夹杂了不少超出政治范畴的哲学话题。到了魏晋南北朝，知识分子一样也要说话，但是这时他们关心的已经不再是建设社会的问题，首先是如何保住自身。为什么呢？同样是乱世，战国时期军阀割据，虽然战乱频仍给百姓带来很大的灾难，但是对于贵族和知识分子来说，他们面对的只是一个竞争很残酷的市场，这个老板看不中可以去投奔那个，关键是要自己有本事。这样，他们谈论政治、军事事实上也是一种有效的自我宣传，把自己推向市场。魏晋时期就不同了，虽然不是秦汉时期垄断的天下一家，但也不像战国时期那样政权林立，改换门庭不是一件容易的事，政治迫害也已经发展到极致。因此，魏晋读书人总体上追求活得潇洒，很放荡、很从容。这本不是他们愿意这样，而是适者生存的自然法则所导致的，他们愿意为社会在政治、在国家民族方面做一点事情，很有责任感，但是，这样做危险太大，动不动会有杀身之祸，所以大家都不敢直面社会政治，不敢对现实发表意见。于是，他们的话语就被挤压到另外一个方面：来谈一些玄的问题吧，谈宇宙、谈自然、谈人的生命，谈成什么样子也不至于得罪人掉脑袋。本来是被挤过来的，不得不谈这些东西打发闲得发慌的口舌，但是谈着谈着发现很有乐趣，很训练思维，于是慢慢就成了风气，大家对此有了比较集中的评判指标，用现代词汇说，玄谈既要有哲学素养，又讲究语言水平。按照《晋书》的记载，有个叫阮瞻的很能言简意赅地谈论玄理，司徒王戎问他：孔子和老庄思想的主旨有什么异同？我们今天的博士、教授用这个话题能写厚厚一本书，阮瞻呢，说了三个字：将无同。意思相当于"恐怕是一样的"。王戎对这个回答赞叹不已，当即下令让他做了秘书——那时候叫做"掾"，也称"三语掾"，就是三个字换来的秘书。他这三个字是地道的废话，王戎佩服的当然不是话的内容，而是觉得这个阮瞻很懂得说话的艺术。

说话的艺术在历代文献中都能找到活生生的案例，《左传》中几乎所有外交场合的对话都是超级含蓄婉转的，有时候不得不动脑子琢磨一下才知道它的意思。在道家著作中，孔子对白公这一节也堪称典范。当时事情的细节我们已经不清楚了，想来是白公想请孔子帮忙，却又摸不准他是否愿意，于是就开始了一连串哑谜式的问答——必须是问答，这是一个巴掌拍不响的事。人可与微言乎？

若以石投水，何如？（我知趣，但我不能走，我得找人帮忙。既然你不愿明着合伙儿，那偷偷指点一下总可以吧，就像偷偷沉块石头下水，天知地知你知我知。）吴之善没者能取之。（别扯淡了，若要人不知，除非己莫为。）至于最后，孔子口中如何冒出来道家的招牌语句"至言去言，至为无为"，那就大可不必去斤斤计较了，这种事在道家寓言中到处都是。尽管他们谈论的内容是绝对世俗化、功利化的，但所采用的方式却是谈玄的标准模板。白公没有如愿，孔子在这里宣传的道家原理也多少显得有些文不对题，但这不重要，重要的是他们都绕开了敏感词而进行了有效的、深刻的交流，这才是能使谈玄者大为兴奋的要素。谈话是否达成现实中的目标，那是功利层面上的事，谈玄者对此毫无兴趣。

列子适卫

【原典】

　　子列子适卫，食于道，从者见百岁髑髅，攓蓬而指，顾谓弟子百丰曰："唯予与彼而未尝生未尝死也。此过养乎？此过欢乎？种有几：若蛙为鹑，得水为㘩。得水土之际，则为蛙蠙之衣。生于陵屯，则为陵舄。陵舄得郁栖，则为乌足。乌足之根为蛴螬，其叶为胡蝶。胡蝶胥也化而为虫，生灶下，其状若脱，其名曰鸲掇。鸲掇千日化而为鸟，其名曰乾馀骨。乾馀骨之沫为斯弥，斯弥为食醯颐辂。食醯颐辂生乎食醯黄軦，食醯黄軦生乎九猷，九猷生乎瞀芮，瞀芮生乎腐蠸。羊肝化为地皋，马血之为转邻也，人血之为野火也。鹞之为鹯，鹯之为布谷，布谷久复为鹞也。燕之为蛤也，田鼠之为鹑也，朽瓜之为鱼也，老韭之为苋也，老羭之为猨也，鱼卵之为虫。亶爰之兽自孕而生曰类，河泽之鸟互视而生曰鹢。纯雌其名大腰，纯雄其名稺蜂。思士不妻而感，思女不夫而孕。后稷生乎巨迹，伊尹生乎空桑。厥昭生乎湿，醯鸡生乎酒。羊奚比乎不笋，久竹生青宁，青宁生程，程生马，马生人，人久入于机。万物皆出于机，皆入于机。

　　　　　　　　　　　　　　　　　　——《天瑞》

【古句新解】

　　列子到卫国去，在路边吃饭，随从看见道旁有一个百年骷髅。列子拔起一根蓬草指着它，回头对他的学生百丰说："只有我和他了解既没有生也没有死的道理。它果真忧愁吗？它果真欢喜吗？物种都有生死的机理：就像青蛙变为鹌鹑，得到水又变作水草，到了水土交会之处，又成为青苔。生长在高陵上，便成为陵舄草。陵舄得到了粪土，又变为乌足草。乌足草的根变为蛴螬，它的叶子变为蝴蝶。蝴蝶很快就又变为虫子，生长在灶下，样子好像蜕了皮一样，它的名字叫鸲掇。鸲掇在一千天后变化成为鸟，它的名字叫乾馀骨。乾馀骨的唾沫变成虫子叫斯弥，斯弥又变成为吃醋的颐辂。吃醋的颐辂生出吃醋的黄轵，吃醋的黄轵生出了九猷，九猷生出瞀芮，瞀芮又生出腐蠸。羊肝化作地皋，马血变成转动的磷火，人血变成磷火。鹞子变成鹯，鹯变成布谷鸟，布谷鸟过了很久又变成鹞。燕子变成蛤蜊，田鼠变成鹌鹑，腐朽的瓜变为鱼，老韭菜变成苋菜，老母羊变成猿猴，鱼卵变成虫子。亶爰山上的兽自己怀孕生崽叫做类，河泽中的鸟互相看着就能生子叫做鹢。全是雌性的动物名字叫大腰，全是雄性的动物名字叫稺蜂。单相思的男士不娶妻子就能感应受胎，单相思的女子不嫁丈夫而怀孕。后稷生于巨人的脚印，伊尹生于空心的桑树。厥昭生在潮湿的地方，蠛蠓生在酒里。附近有羊奚草就不长笋，老竹生出青宁，青宁生出程，程生出马，马生出人，人活久了又回归造化运转之机。万物都从这个运转之机生出，又都回归这个运转之机。

自我品评

世间有各种稀奇的事物，对它们多加了解是各家学派都不反对的。孔子就把"多识于鸟兽草木之名"列为读《诗》的一大理由，而墨子也可算是先秦诸子中出色的博物学家。在传统中，这类杂识大体有两种治学侧重：一类偏重于考证，主要是通过各种记载证明什么东西叫什么名字、有何种特点，古人大多以此为经学服务；另一类偏重于论证，各种事物的古怪特点被用来阐述、证明一定的事理。《列子》这一段更接近后者，因此其中提到的那些具体事物不但我们今天无从知道究竟是什么，即便古人甚至当时的人也不见得都十分清楚。

古人把这类学问称为物理学，东汉时期有一本著作名叫《物理论》，明朝末年著名学者方以智又写过《物理小识》。后来西方的学术进入中国，物理一词就被赋予了新的内涵，直到今天我们仍然在用。反过来看中国土生土长的"物理学"时我们会觉得有些怪异，因为中国固有的理论构架和西方的自然科学完全不同，虽然都是研究万物的机理，但在具体的表述上还是很不一样的。单就所要证明的理论而言，眼前这一段实在是够简单的，无非就是说各种生物的产生繁衍，不尽是我们所熟知的有性生殖。所以，这一节要看我们如何去读，要是"不求甚解"，那是非常简单的一段话；要是对里面的具体名物——旁征博引详加考证，那恐怕写个几万字的论文都不为过。

现在，我们把它当作道家的著作来读，或者是当作玄谈来读，那么"不求甚解"是非常必要的。因为作者如此夸张铺叙，其用意本也不在于要给读者去提供这些"常识"，这一类现象是人们所知的，这就足够了。无论对现代人还是古代人来说，自然界中不可思议的现象都有不少，在特定的时候被人提及得多的便成为最有说服力的例子，在古代，雀入大水化为蛤、腐草化为萤之类的说法屡见于各家著述，所以也就成了人们十分熟悉的事，尽管很少有人认真去考究其真伪和根本原理。然而，我们知道在用事例去证明一种观点的时候并不像往筐里装鸡蛋那样简单，用两个相似的事例证明一个道理可能比只用一个事例的效果好很多，也就是说一加一大于二。所谓雄辩，所谓气势恢宏，说的便是这类情形，不过，其中的奥妙绝不仅仅在数量，语句的构建、事例的选择和编排等都有其规律。

《列子》中所列举的这些奇怪事物可以相信他并非杜撰，因为其中确有一些是别的书中也提到过的。但可以肯定的是，他所举的例子大多比较生僻，不要说时至今日，即便是历代的读书人也有不少只能阙疑的。然而这已经是玄言的通俗化、人性化的表现了，他毕竟是在说理，较之寻常的概念之间换来套去，这种表达方式无疑更能亲近读者。或许，对作者来说，如果有人能依据其说去加以补充、完善，那才是更好的互动。

那么，以我们的知识系统来看，道家所说的生化之理是否值得思考呢？答案是肯定的。根深蒂固的现代生物学知识使我们相信世间的高等生物都是通过雌雄交配而繁衍的，低等生物中会有无性繁殖的现象，但新个体的产生总是源自旧有的个体，不同的物种之间决不会轻易转化。这样的观念的确能够解释很多历代相传的误解，例如鳞翅目的动物也就是各种蛾子、蝴蝶，在其生命周期中会有一个蛹的阶段，从蛹发育为成虫，其外形的变化巨大，完全是从爬虫变成了飞虫，很容易被误解为物种之间的变化。我们通常被有系统地灌输了现代生物学的认知方法，所以对其他的体系便会视而不见，佛家说的"四生"，即卵生、胎生、化生、湿生，我们能接受的是前两种，后两种则跟我们的知识系统不尽相合，于是我们便自以为是地认为那是佛家的误解。对"种有几"这样的说法，同样如此。

古代的哲人真的那么荒诞不经吗？这个问题我们不急着去判断。不妨以现有的科学知识为依据，想想我们熟知的各种生物现象，看看是否能够令人信服地解释一切。生活中最常见的苍蝇、蚊子就很可疑，为什么有潮湿温暖的环境便自然会孳生蚊子？而一旦有些腥臭腐烂的东西便招来苍蝇？科学的解释是：它们有很强的繁殖能力，一旦环境适合，便会以很高的效率快速繁殖。蚊蝇产卵的事的确也是能够看到的，而冬天躲在某个角落过冬的蚊蝇被热气一腾就飞出来的事也是比较常见，所以，这个科学推论勉强算它通顺。

用丰满繁复的语言对问题进行分析证明，本来就是谈玄的形式之一。《世说新语》记载清谈高手殷浩给谢尚讲论各种义理，动不动就来上一段长篇大论，文辞优美，内容丰富，谢尚听得"注神倾意，不觉汗流交面"，他们两位可以说是互有感应、惺惺相惜了。我们现在读《列子》，碰到这么一段内容厚实的，满头大汗想必是不至于的，但总要找到欣赏这种表达手法的心理契机，只有这样才能更深入地理解体悟作者的用意。

万物皆一

【原典】

杨朱曰："万物所异者生也，所同者死也。生则有贤愚、贵贱，是所异也；死则有臭腐、消灭，是所同也。虽然，贤愚、贵贱非所能也，臭腐、消灭亦非所能也。故生非所生，死非所死，贤非所贤，愚非所愚，贵非所贵，贱非所贱。然而万物齐生齐死，齐贤齐愚，齐贵齐贱。十年亦死，百年亦死，仁圣亦死，凶愚亦死。生则尧舜，死则腐骨；生则桀纣，死则腐骨。腐骨一矣，孰知其异？且趣当生，奚遑死后？"

——《杨朱》

【古句新解】

杨朱说："万物所不同的是生存，所相同的是死亡。生存就有贤愚、贵贱，这是不同的；死亡就有腐臭、消亡，这是相同的。即使这样，贤愚与贵贱也不是万物本身所能做到的，腐臭、消亡也不是万物本身所能做到的。所以生不是万物本身所生，死不是万物本身所死，贤不是万物本身所贤，愚不是万物本身所愚，贵不是万物本身所贵，贱不是万物本身所贱。那么，万物的生与死是一样的，贤与愚是一样的，贵与贱也是一样的。活十年也是死，活百年也是死。仁人圣人也是死，凶人愚人也是死。生时是尧舜，死了就是腐骨；生时是桀纣，死了也是腐骨。腐骨是一样的，谁知道它们的不同呢？姑且追求今生，哪有工夫去管死后？"

自我品评

无论什么项目，高手总是比较孤独的，思想家也不例外。王弼这样的玄谈高手跑到何晏家里是去找场子练筋骨的，没想到对手居然都是菜鸟，害得王弼只能自己跟自己练，想来这种滋味一定是很郁闷的，尽管这给他带来了很高的声望，但没有对手决计是一件凄凉的事。

孟子很激烈，书中拉了很多人进来，然后自己一一把他们折服，多少有些炫耀的意思。道家本来性情很淡，并不在意胜负，但这并不意味着不需要陪练的伙伴。《庄子》中有一个惠施，庄子老是拿他开涮，有时候还把他贬得很惨，诸如形容他是叼着死老鼠的猫头鹰，然而能够感到的是，他们在心态上不是彼此敌视的，他们之间的过招不是孟子那样的单向打击，他们更像有默契的朋友。《列子》中这个杨朱和惠施又有所不同：《庄子》中的庄子出场频率很高，所以惠施出场多半是与他演对手戏的；《列子》中的列子出场少得多，而杨朱几乎是和他没什么关系的另一号人物。相似之处在于，惠施和杨朱都是很有实力的，而且他们的调子都和道家的基本思路有所区别却又并非针锋相对。或许，这两个人物都是作者的假托，事实上作者就是如王弼一般在自己跟自己练，不过为了行文方便而造出了一个人物形象。究竟是不是这样已经无从考证了，但完全有这种可能。这一节是杨朱的独立发言，没人跟他争辩，在整部书中杨朱也很少以一个失败者的形象出现，这样的安排几乎能让人觉得杨朱也是书中一个主要的人物，但杨朱所展示的思想却并非总是跟道家保持一致，后人归纳成"庄周养生，杨朱为我"的话，也就算是把他们的思想重点区分开来。

杨朱的这种思想，在一个清明、向上的社会环境中是很难有市场的。试想，在一个大多数人都很忙碌、都为自己的理想而奋斗着社会里，突然冒出一个很颓废的人，说活着很无聊，早晚要死的，不如怎么开心怎么活吧——他能得到多少应和呢？不仅人们不会赞同，反而会有人以敌视的姿态站出来批驳。然而在历史舞台上，人们所构建的社会环境常常是不尽如人意的，社会现实的瑕疵、荒谬常常使人感到迷茫，人们或许有参与建设性工作的能力和愿望，在现实中却难以找到这样的机会，于是便有人会垂青杨朱式的理论。不管是这个杨朱本人还是后来宣扬及时行乐的跟风者，他们鼓吹这样一种不怎么冠冕堂皇的理论，往往更多的是一种对现实的愤懑而并非真的推崇这样的人生追求。因为真想及时行乐的话，只需要去做就行了，又何必喋喋不休地跟人说呢？把想法去告诉别人并不是一件很简单的事，并且也不属于"行乐"。

无论是秉烛夜游的精神享受还是华服美酒的物质刺激，都因为对人生苦短的忧虑而变得无奈、狂躁，似乎唯有用这种穷兵黩武式的竭力享受才能暂时忘却自己的生命之旅处于风雨飘摇、朝不保夕的境地。读着这样的作品，我们不难想见作者对生活、对事业的炽热激情，当这种激情遭到现实的压抑、扭曲之后，它便以一种怪异的面貌被释放出来。

这样的一种精神状态来自动荡的社会、黑暗的政治，它和老庄著作中的哲学思辨相结合，就成了玄谈清议的风气，又因为玄谈清议的主体都是那些颇有文化的士人，所以在文学中的投影就非常的明显。思想上的风气一开，仓促之间与文人的固有习惯相结合，便出现了所谓的玄言诗。但是，玄言和诗在先天上就有根本的不合，把老庄的阴阳有无装到诗歌这个容器里总是显得不怎么般配，诗歌本来是追求美感的，过分谈论玄理就把美感冲淡甚至消灭了。所以，玄言诗流行了没多久，后来马上就被文人们自觉地改良了，改良后的品种之一被称为山水诗。

昏旦变气候，山水含清晖。
清晖能娱人，游子憺忘归。

出谷日尚早，入舟阳已微。

林壑敛暝色，云霞收夕霏。

芰荷迭映蔚，蒲稗相因依。

披拂趋南径，愉悦偃东扉。

虑澹物自轻，意惬理无违。

寄言摄生客，试用此道推。

这是谢灵运的名作《石壁精舍还湖中作》，这首诗恰好像是玄言诗向山水诗进化过程中的一个标本——青蛙的形态已经清晰可见，不过还有着一条蝌蚪的尾巴，诗的后半部分还是典型的玄言诗，仍然保留了哲理、玄言。对此我们不妨认为，玄言清谈是一种发展着的思潮，诗歌也是一门发展着的艺术，二者在各自的发展轨道上发生了一次交汇，使得双方都有了长足的进步。而发生交汇的重要媒介之一，就是生死的问题，一个玄谈和做诗都会遇到的问题。这个问题在玄谈的轨道上越谈越枯燥，以致杨朱开始用情绪化的形式加以表述。终于，诗歌介入了，这个话题便陡然获得了生机。谢灵运这样陶醉于山水之美的诗人已经找到了更优雅的表述方式，这种方式造就了很多优美的山水诗。然而诗人并非都是谢灵运，胸中自有不平之气的大有人在，他们终于发现原来可以用更加美丽的方式去抒写心灵的痛苦。就像那个一口气写了十几首《拟行路难》的鲍照，本来他或许只能把那份压抑化作玄谈，但现在他可以说：

君不见河边草，冬时枯死春满道。

君不见城上日，今暝没尽去，明朝复更出。

今我何时当然得，一去永灭入黄泉。

人生苦多欢乐少，意气敷腴在盛年。

且愿得志数相就，床头恒有沽酒钱。

功名竹帛非我事，存亡贵贱付皇天。

后世评诗推崇神韵，什么叫神韵？很玄。如此说来，不妨把神韵看作是诗中的玄谈——世俗地看，的确没什么用处，但是又很诱人。

物职所宜

【原典】

　　子列子曰："天地无全功，圣人无全能，万物无全用。故天职生覆，地职形载，圣职教化，物职所宜。然则天有所短，地有所长，圣有所否，物有所通。何则？生覆者不能形载，形载者不能教化。教化者不能违所宜，宜定者不出所位。故天地之道，非阴则阳：圣人之教，非仁则义；万物之宜，非柔则刚；此皆随所宜而不能出所位者也。故有生者，有生生者；有形者，有形形者；有声者，有声声者；有色者，有色色者；有味者，有味味者。生之所生者死矣，而生生者未尝终；形之所形者实矣，而形形者未尝有；声之所声者闻矣，而声声者未尝发；色之所色者彰矣，而色色者未尝显；味之所味者尝矣，而味味者未尝呈：皆无为之职也。能阴能阳，能柔能刚，能短能长，能圆能方，能生能死，能暑能凉，能浮能沉，能宫能商，能出能没，能玄能黄，能甘能苦，能羶能香。无知也，无能也，而无不知也，而无不能也。"

——《天瑞》

【古句新解】

　　列子说："天地没有完备的功效，圣人没有完备的能力，万物没有完备的功用。所以天的职责在于生长覆盖，地的职责在于成形承载，圣人的职责在于教育感化，万物的职责都在于它们各自所适合的方面。

这样，天有所短缺，地有所擅长，圣人有所滞塞，庶物有所通达。为什么呢？这是因为生长覆盖的不能成形承载，成形承载的不能教育感化，教育感化的同样不能违背它自己所适合的方面，事物所适合的方面是各自确定的，不能再超出它已有的范围。所以天地之道，非阴即阳；圣人的教化，非仁则义；万物所适合的方面，非柔即刚；这些都是按照它所适宜的方面而不能超出它已有的范围。所以有生死的事物，有使之有生死的事物；有形状的事物，有使之有形状的事物；有声音的事物，有使之有声音的事物；有颜色的事物，有使之有颜色的事物；有滋味的事物，有使之有滋味的事物。生出的有生死的事物已经死了，而使之有生死的事物却没有终止；成形的有形状的事物已经切实存在了，而使之有形状的事物却未曾有过；发出的有声音的事物已经被听到了，而使之有声音的事物却没有生发；显示出有颜色的事物已经明显了，而使之有颜色的事物却没有露出；品味出有滋味的事物已经被尝到了，而使之有滋味的事物却没有展现：这些都是'无'的职责。它使事物表现阴阳、刚柔、短长、圆方、生死、冷热、沉浮、宫商、出没、玄黄、甘苦、膻香等不同特性。它自身没有知觉，没有能力，又无所不知，无所不能。"

自我品评

我们把玄谈的文字拿来作现代文翻译，那真是一种荒诞的举动，因为这本来就不需要翻译或无法翻译的。翻译是沟通两种不同语言的方式，说的人和听的人各自操不同的语言，为了搞明白意思就必须有翻译。

在中国历史上，春秋战国时代是一个大的混乱期，之后的汉朝提供了四百年的稳定期，之后的魏晋南北朝又是一个大混乱期。这种混乱在军事、政治方面很容易辨别，而社会的巨大变化在人们生活的方方面面所形成的投影则并不容易辨析，至少我们很难准确地说出其中的因果。为什么在魏晋时期会忽然刮起了清谈之风，为什么连诗人都写起了玄言诗，这是一个很麻烦的问题，或者说只能结合种种历史记载加以描述，却很难如科学原理一般有条不紊地因果递推。

用最简练的话概括，可以说当时是一个杀戮、攘夺成风并已近乎失控的社会，几乎每个人都生活在朝不保夕的惴惴之中。然而，再疯狂的社会也必然有其基本结构，当官的总要当官，种地的依旧种地。千百年之后，种地的怎么说、怎么想我们基本都不知道了，只能看到那些掌握着文化的贵族所遗留的各类文字，其中充斥了玄谈。玄谈的内容远离现实，不是阴阳就是天地，即便说人也是没什么现实针对性的圣人、人性。在寻常的情况下，人们都会说这些内容没用，别忘了，那个时代就是"不寻常"的，人们的心灵和精神都是压抑的、扭曲的，所以我们根本不能用"没用"二字去指责，因为这就是人家的追求。他们不是不想有用，想治国安邦、想造福黎民、想做点正经事，环境根本不允许啊！你就是做宰相、做皇帝，没准明天就被血洗全家，其他的人就以此类推吧。既然正常的社会角色充满了疑惑和恐怖，完全无法得到必要的成就感，那就只好把闲得无聊的大把精力拿出来做些又有难度、又有满足感的事，于是玄谈就大受青睐了。

这样的内容在道家的著作中有着现成的模板，所谓的"三玄"都是立足点很高的话题，而且颇有难度，更重要的是这些内容的思想性极强，游走在人类语言表述能力的边缘，能说，却又不是完全靠说来传达，语言只是沟通的媒介，沟通的双方必须要有相似的能力，能够唱对手戏。玄谈决不搞基础教育，断不会给你从字句开始一点点讲解。我说一句，既是表达我的思想，也是对你的考较，你不同的反馈、应答就可以体现出你的实力，差得太远的只能一头雾水地问一句：你什么意思？对不起，不跟你谈了，你不配！所以玄学始终保持这样一种玄妙、简练、灵动和潇洒，和文艺作品要求读者参与再创作的道理是很相似的。只有这样，才能从这种活动中找到价值、找到成就感。

刚才所谈，都是关于魏晋以来所谓玄学、清谈，而我们真正要触及的是魏晋人玄谈的范本之一《列子》。很难说《列子》或整个道家思想的形成机理是否和魏晋的士大夫一样，但至少它们的文本内容有很大的相似之处，我们不妨借鉴着魏晋人玄谈的种种情形来参酌道家著作中这种内容的读法。

还有就是追求美感。这一节中比较明显的一个表现就是"能阴能阳，能柔能刚"以下一大串四字句，大声读出来就能发现它们是押韵的。写在书本上的句子能代表一种意思，不错，但别忘了同时也能代表一系列的音节。多数情况下，句子的意义比它的音节重要，如何发音几乎可以忽略不计。但是，句子的音节被诵读出来之后会产生韵律和节奏，它们是否优美动听是一件很影响心情的事情，美妙的乐音能给人带来享受。所以，不少人在说话、写文章的时候会注意协调，而诸如诗歌、骈文之类的体裁则是对此特别注意的。玄谈在内容上已经定位成大而空了，那也就无需过分强调表达的准确，腾出空间来正好留给声律的整合。所以，好多玄谈式的文字你不妨满怀信心地大声诵读，读完了之后你会说：读着倒是挺上口的，就是意思不太明白。这就行了。

话虽如此，哲理性的议论毕竟不同于诗歌。"采菊东篱下，悠然见南山"，只要把情状景物描摹好了，剩下的心情啊、意境啊、韵味啊统统都可以扔给读者自己去琢磨。诗的基本任务是要写出景物情状，哲理性的议论必须展示自己的理论，理论中的具体观点可以清晰可以模糊，但大方向却绝不能含混。这一段读下来，一句句细看，恐怕到处都是疑惑，但把大意归纳一下却很简单，无非是说"无为"能够生化万物。只要这一点做到了，剩下的同样就可以交给读者。于是，我们知道读这类文字的另外一个要点：抓大意。作者的本意也就是给你个大概轮廓，并无让你仔细推敲的意思，你偏不听话，那岂不是读不懂活该吗？

陶渊明在《五柳先生传》里说："不慕利好读书，不求甚解，每有会意，欣然忘食。"在今天，尤其是做学生的，不求甚解是要挨骂的。但是，要读道家的书，特别是其中比较玄的部分，那就必须要懂得欣赏并学会"不求甚解"，只有这样才能"欣然"。

得聃之道

【原典】

陈大夫聘鲁，私见叔孙氏。叔孙氏曰："吾国有圣人。"曰："非孔丘邪?"曰："是也。""何以知其圣乎?"叔孙氏曰："吾尝闻之颜回曰:'孔丘能废心而用形。'"陈大夫曰："吾国亦有圣人，子弗知乎?"曰："圣人孰谓?"曰："老聃之弟子有亢仓子者，得聃之道，能以耳视而目听。"鲁侯闻之大惊，使上卿厚礼而致之。亢仓子应聘而至。鲁侯卑辞请问之。亢仓子曰："传之者妄。我能视听不用耳目，不能易耳目之用。"鲁侯曰："此增异矣。其道奈何? 寡人终愿闻之。"亢仓子曰："我体合于心，心合于气，气合于神，神合于无。其有介然之有，唯然之音，虽远在八荒之外，近在眉睫之内，来干我者，我必知之。乃不知是我七孔四支之所觉，心腹六藏之所知，其自知而已矣。"鲁侯大悦。他日以告仲尼，仲尼笑而不答。

——《仲尼》

【古句新解】

陈国的大夫去鲁国访问，以私人身份会见叔孙氏。叔孙氏说："我国有一位圣人。"陈国大夫问："不就是孔丘吗?"叔孙氏说："是的。"陈国大夫问："怎么知道他是圣人呢?"叔孙氏说："我曾经听颜回说:'孔丘能放弃心灵而只用形体。'"陈国大夫说："我国也有圣人，您不知道吗？"叔孙氏问："圣人指谁？"陈国大夫说："老聃的弟子中有个叫亢仓子的人，得到了老聃的道术，能用耳朵看东西，用眼睛听声音。"鲁侯听说这事后大为惊奇，派上卿携带丰厚的礼物去邀请他。亢仓子应邀来到鲁国。鲁侯用谦虚的语气向他请教。亢仓子说："那是传话的人在瞎传。我能不用耳朵听，不用眼睛看，但并不能互相调换耳目的作用。"鲁侯说："这就更奇怪了。你的道术究竟是什么样的呢？我实在很想听听。"亢仓子说："我的形体与心相合，心与气相合，气与神相合，神与无相合，一旦有极其微小的东西或声音，即使远在八方荒远之地以外，或近在眉睫以内，来干扰我的，我一定都能知道。我也不知道是我的七窍四肢所觉察到的，还是心腹六脏所感知到的，反正就是自然而然就知道罢了。"鲁侯十分高兴。过了几天把这事告诉了仲尼，仲尼笑了笑，没有回答。

自我品评

这是一段有趣的故事，关于老子和孔子"斗法"，而且这两个所斗的项目设置也很滑稽，居然是特异功能的比赛，似乎有后来《西游记》中车迟国佛道斗法的影子。凭空想来，道家本是洒脱的，生死利害都置之度外，哪里还会那么关心胜负，以至于闲来无事还找人斗法？然而，身为先秦一派的道家也好，魏晋时代大谈玄理的名士也罢，既是千百年后还能被我辈抓到踪迹，那么，当初也就肯定不全是超然物外的。在人世中打滚的，哪有不沾胜负的道理？既然沾了胜负，那斗法云云至少也可以看作是一种形象化的描述吧。

关于魏晋名士玄谈的记载，固然有讲学式的，有即兴式的，但也有辩论式的，而且种种迹象表明，当时的论辩似乎是规则比较完备的游戏，并不像我们今天这些门外汉揣度的那样，纯是彼此胡说一通，没有是非高下可言。魏晋时代的何晏、王弼是玄谈风气的开创者，王弼比何晏辈分小一些，据《世说新语》记载，何晏身为吏部尚书，名闻朝野的时候，王弼还只是个不到二十岁的小伙子，但也是小有名气。何晏家里常常聚集了大批的谈客，看起来有点像沙龙的味道，王弼也上门去练练。何晏并没有小看这个不速之客，专门挑了几条经过反复论辩而能立于不败之地的义理来对付他。没想到这个王弼拿过来很轻易地就把在座的人都问倒了。接下来，这个小伙子还不过瘾，眼看没有对手，就玩起了"左右互搏"，自问自答，把一席宾客听得目瞪口呆，敬佩不已。他们究竟说了些什么，我们无从知道，想必总是和老庄易有关的。但是，这样的过程和场景却清楚地告诉我们：他们平素的议论肯定不是各自随心所欲地发挥，而是有公认的义理和准则的，如果只是人们聚在一起闲扯，又哪里容得一个年轻后生插进来攘夺大家的乐趣呢？后来何晏发现王弼对道家思想的理解比自己强得多，不得不终止了自己给《老子》作注的工作，这也说明玄谈的"空洞"只是说其内容与现实有着很大的距离，而并非说它是无原则、无目的的瞎扯。

《世说新语》还记载了一个叫殷浩的玄谈高手，碰到一个名叫刘恢的硬对手，辩论占不到便宜甚至眼看要输，只好东拉西扯以游辞保全面子。刘恢也不当面拆台，等他走了之后对人说：这个乡巴佬不自量力去学人家有学问的人说这些高深的话。这只是刘恢在贬损殷浩，殷浩其实也不是省油的灯，他熟读前辈钟会的《四本论》，擅长分析人的才情之同异离合，一旦话题涉及这个领域，一般人就很难攻破他的防御体系了。虽然《四本论》的具体内容早已散失，而殷浩与人论辩的具体案例也不可得见，但由此已经足够说明魏晋玄谈是有章法、有智慧的，否则也不会无端吸引那么多的精英人物热衷此道。如果要想对这种情形有些直观的感受，后来居上的佛家辩论倒是能提供不少鲜活的案例。最著名的如六祖惠能那个故事：惠能大师从五祖弘忍门下得到传承之后，到了广州法性寺，见到两位和尚对着寺前的旗子在争论，一个和尚说："你看旗子在动。"另一个说："是风在动。"惠能说："你们两个都错了，既不是风在动，也不是幡在动，而是你们的心在动。"一句话，令两个和尚心服口服。

在《列子》中，似乎这种活动还不是很普及，以至于斗法的双方居然还是传说中既很对立又很亲密的老子和孔子，斗法的内容还是有些比喻色彩的耳闻目视，可以说这是魏晋玄学和佛家论辩的浪漫主义原始版，大体轮廓已经被勾勒出来，而具体内容还没有切实填入，能看到的只是和后来真正论辩的相似之处：内行的论辩有自己的门道，外行不是看热闹就是瞎理解。这个故事中的论题设置虽然有典型的玄学特色，但并不很难，尤其是后来亢仓子自己做了一番解释，从文字上求索，我们就不难发现所谓的废心用形和视听不用耳目本来都是用以形容同样一种境界，即把自身与自然完全地融合在一起，没有彼此之分，没有内外之别，当然也就谈不上是用身体的哪个部分、哪种功能去感知了。

可笑的是，这个故事的开端却是外交场合中为了各自的荣誉而互相吹牛，废心用形被视作是一种低级的"法术"，因为看起来不如耳目易用那么神奇。如果依据道家的观念，这里有着双重的荒谬。首先，废心用形的境界并不低，但只是因为一般人很难理解这种表述，所以更加直观的耳目易用才占了上风，而且双方竟都能接受这样的高下判断。其次，耳目易用本身是一种误传，因为它对于将自身融入自然这样一个任务来说没有什么意义，依旧是在用感官去感知外界，不过是彼此置换一下而已，所以后来亢仓子予以纠正。这么一纠正，对于颇为俗气的鲁侯来说很是失望，或许是看在"厚礼致之"的份上，居然说出了"此增异矣"的话，从上下文中鲁侯的表现来看，这四个字是纯粹的言不由衷。

无论《列子》究竟是晋代的产物还是先秦人的手笔，它显然有着和玄谈相关的内容，但又未必都是后来发展成熟的玄谈，有时只是内容的相似或观念上的吻合。对于玄谈来说，它有一个很重要的前提就是听众必须对路，听不懂的人是无法与之玄谈的。这一点也是道家自身的性格中一个比较突出的特征，道家不喜欢那些死不开窍的榆木脑袋，常常对之进行嘲讽，而这一节正好就是一个实例。孔子和亢仓子在这个故事中算是两个正面形象，亢仓子冲在前面做了一个普及道家学术的传教士，但是他收效甚微。而孔子则比较倒霉，一开始就被人挤到了后台，直到鲁侯拿着前前后后积攒起来的一连串误解向他炫耀时，孔子已经无从再做什么完整的分析了，事实上对这些完全外行的人本来也没有可能说明白。于是，只好不置可否，一笑了之。

子牟好游

【原典】

中山公子牟者，魏之贤公子也。好与贤人游，不恤国事，而悦赵人公孙龙。乐正子舆之徒笑之。公子牟曰："子何笑牟之悦公孙龙也？"子舆曰："公孙龙之为人也，行无师，学无友，佞给而不中，漫衍而无家，好怪而妄言，欲惑人之心，屈人之口，与韩檀等肄之。"公子牟变容曰："何子状公孙龙之过欤？请闻其实。"子舆曰："吾笑龙之诒孔穿，言：'善射者能令后镞中前括，发发相及，矢矢相属。前矢造准而无绝落，后矢之括犹衔弦，视之若一焉。'孔穿骇之。龙曰：'此未其妙者。逢蒙之弟子曰鸿超，怒其妻而怖之，引乌号之弓，綦卫之箭，射其目。矢来注眸子而眶不睫，矢隧地而尘不扬。'是岂智者之言与？"公子牟曰："智者之言固非愚者之所晓。后镞中前括，钧后于前。矢注眸子而眶不睫，尽矢之势也。子何疑焉？"乐正子舆曰："子，龙之徒，焉得不饰其阙？吾又言其尤者。龙诳魏王曰：'有意不心，有指不至，有物不尽，有影不移，发引千钧，白马非马，孤犊未尝有母。'其负类反伦，不可胜言也。"公子牟曰："子不谕至言而以为尤也，尤其在子矣。夫无意则心同。无指则皆至。尽物者常有。影不移者，说在改也。发引千钧，势至等也。白马非马，形名离也。孤犊未尝有母，非孤犊也。"乐正子舆曰："子以公孙龙之鸣皆条也。设令发于余窍，子亦将承之。"公子牟默然良久，告退，曰："请待余日，更谒子论。"

——《仲尼》

【古句新解】

中山公子牟这个人，是魏国贤能的公子。喜欢与贤人交游，不过问国家事务，而欣赏赵国人公孙龙。乐正子舆这班人为此而笑话他。公子牟说："你为什么要笑话我欣赏公孙龙呢？"子舆说："公孙龙的为人，言行没有师承，为学没有朋友，奸猾善辩却没有道理，知识杂乱而不成一家之言，喜欢奇谈怪论而胡说八道，企图迷惑别人的心，折服别人的口，与韩檀研习的那一套一样。"公子牟变了脸色，说："你凭什么这样指责公孙龙的过错呢？请说出具体事实。"子舆说："我笑公孙龙欺哄孔穿，他说：'很会射箭的人能使后一支箭的箭头射中前一支箭的箭尾，一箭挨着一箭，一箭连着一箭，前面一箭对准目标尚未射到，后面一箭的箭尾已经搭上了弓弦，看上去好像连成了一支箭。'孔穿大为惊骇。公孙龙说：'这还不是最妙的。逄蒙的弟子叫鸿超，因对妻子大发脾气，要吓唬她，便用乌号的弓，綦卫的箭，射她的眼睛。箭头碰到了眼珠子，她却没有眨一下眼睛，箭掉到地上，却没有一点尘土飞扬。'这难道是聪明人所说的话吗？"公子牟说："聪明人说的话本来就不是愚蠢的人所能明白的。后一支箭的箭头射中前一支箭的箭尾，是因为后一支箭的用力与方向和前一支箭完全相同。箭碰到眼珠子而没有眨一下眼睛，是因为箭的力量到了眼睛那里时已经用尽了。你又怀疑什么呢？"乐正子舆说："你和公孙龙是同一类人，哪能不掩饰他的错误呢？我再说说他更荒谬的言论。公孙龙欺哄魏王说：'有意念产生，但心的本体却没有活动。有了具体概念，便不能包括所有的事物。有具体事物，便不能把所有的事物都包括进去。影子是不会移动的。头发可以牵引三千斤重的物体。白马不是马。孤牛犊不曾有过母亲。'他那些与人们的看法相违背、与常理相反的言论，说也说不完。"公子牟说："你不懂得这些至理名言，反而认为是谬论，其实错误的是你。没有意念，心的作用与本体才能同一。没有具体概念，才能包括所有的事物。能包括所有事物的，只能是永恒的'存在'。说影子不会移动，是因为人移动后，原来的影子消失了，又产生了新的影子，新影子并不是旧影子的移动。头发能牵引三千斤重的物体，是因为'势'到了能牵引三千斤的程度。白马不是马，是把马的形状与马的概念分离开来而言的。孤牛犊不曾有过母亲，是因为母亲健在的时候，它还不能称作孤牛犊。"乐正子舆说："你认为公孙龙的言论都是有道理的。假如他放个屁，你也会把它吃掉。"公子牟沉默了好久，告辞说："请过些时候，再邀你来辩论。"

自我品评

现在我们把玄谈的文字拿来作现代文翻译，那真是一种荒诞的举动。因为这本来就不需要翻译或无法翻译的。翻译是沟通两种不同语言的方式，说的人和听的人各自操不同的语言，为了搞明白意思就必须有翻译。注意了，是说"为了搞明白意思"，如果本来就不是全为表达意思而写的文字，那如何翻译呢？法国十九世纪的象征主义诗人马拉美有一首诗名叫《骰子一掷永远取消不了偶然》，有一个中文译本是这样的：第一页共四个字：骰子一掷。第二页共两个字：永远。第三页共十六个字，参差错落分作三行：然而却投入永恒的处境在沉默的深处。

全诗一共二十多页，不管怎么读都是乱七八糟，这不是翻译者的错，原作如此，译者所做的，不过是把法语单词短句换成了汉语的。在诗人的主张里，纸张也是诗的组成部分。混乱的语句、奇怪的格式版面都是诗人传达美和哲理的独特方式。很多人能够读懂的是诗人的创作理论、批评家的分析鉴赏，马拉美的诗歌震撼了当时的法国文学界又是一个事实，二者相结合，人们便纷纷知道马拉美是这样一位诗人，法国有这样一种风格的诗。而并不是每个人都能通过作品本身去得到相应的感受的，至少把它从法语译成汉语或别的语言并不能使它具有清晰的逻辑、准确的含义。语言还是语言，但当它的使用者并不仅仅拿它来表达具体的意思时，读者要做的就是全面适应它的这套对语言的用法，不能从中得到相应的感受，只能放弃这类文字的阅读。马拉美的诗歌主要有三个方面的特点，一是富于深奥的哲理，二是追求语言形式和声韵的华美，三是内涵丰富多变而需要读者参与发掘。这样三个特点，同样适用于中国式的玄谈。

至为无为

【原典】

海上之人有好沤鸟者，每旦之海上，从沤鸟游，沤鸟之至者百住而不止。其父曰："吾闻沤鸟皆从汝游，汝取来，吾玩之。"明日之海上，沤鸟舞而不下也。故曰：至言去言，至为无为。齐智之所知，则浅矣。

——《黄帝》

【古句新解】

海边有个喜欢鸥鸟的人，每天早上去海上跟鸥鸟游玩，鸥鸟来玩的数以百计。他父亲说："我听说鸥鸟都跟你游玩，你抓一只来，我玩玩。"第二天他来到海上，鸥鸟都在空中飞舞而不下来。所以说：最好的语言是没有语言，最高的作为是没有作为。挖空心思用小聪明所了解到的，那很浅陋了。

自我品评

鸥是水鸟的一种通称，现代动物分类很细，而古人则把很多水鸟称作鸥，从诗文和记载来看，其中也有些并不像我们今天所说的海鸥或燕鸥。西方人的分类从生物学角度出发，严格按照物种的生理属性，锱铢必较，鸥目中又细分出一百多种。这样的做法严格、精准，能够如实反映现实中存在的各种不同的物类。然而凡事侧重于一个方面，就不免在另一方面有所疏忽，对生物的严格归类区别，充分体现了科学性，却丧失了大量的人文内涵。在中国文化中，物类相对比较模糊，人们常常以一两个比较突出的特点来命名某一种东西，以至于在生物学上可能根本就是风马牛不相及的物种。

鸥就是一种很诗意的动物，它的重要特征就是生活在水边，常常自由地翱翔。于是诗人写到鸥时，既可以看作实写景物，也可以看作是表达一种特殊的含义。杜甫就很喜欢用这个"鸥"，"自去自来堂上燕，相亲相近水中鸥"、"飘零何所似，天地一沙鸥"、"远鸥浮水静，轻燕受风斜"等等都是他诗中的妙句，读着这样的句子，眼前浮现的是水鸟，但绝对不会细致到喙的形状、羽毛的颜色，更无从知道它的食性、生活地域和其他的生物学信息，但是人们会很自然地联想到自由、轻松、淡泊或孤寂等原本很抽象的词语。这就是诗的主张、美的主张。

谁也说不清是对语言美感的追求造就了这样的命名事物的方式，还是这样的命名习惯成全了众多优美的文字。同样，我们不知道究竟是因为鸥早就有了自由、澹泊的附加含义才被用作寓言的主角还是因为人们真的曾经发现鸥是很有灵性的鸟类才这么说。反正，后来这个鸥鸟忘机的故事成了著名的典故。李商隐用"鸥鸟忘机翻浃洽，交亲得路昧平生"来描写一个纯真质朴的乡间老叟，柳宗元用"闻道偏为五禽戏，出门鸥鸟更相亲"来渲染远离喧器的郊外那清新自然的生活，陆龟蒙则用"自是海边鸥伴侣，不劳金偈更降心"来称赞与僧侣朋友之间没有任何功利色彩的友情。

这本来就是道家的一个侧影，他们厌恶政治、厌恶功利，的确是现实让他们失望、让他们绝望，但这种选择倾向同样出自他们固有的一种价值追求。既然利益已经变得可有可无且危险重重，那么，何不向那任天率真的事物去寻觅真正的快乐？《列子》提到了这个鸥，但它的文字写作"沤"，沤就是水中的泡沫，随生随灭又比比皆是，它们不受任何羁绊，也不在意无常的生灭，尽管微不足道，却充满着快乐的生机。或许正是因此，那种出没风波里的水鸟才有了"沤"的名字，而因为是用来指鸟，又被换作了鸟字旁的鸥。这个汉字是不是如此发展而来并不一定，但可以肯定鸥鸟是这样一种形象。

道家的话题固然抽象，却绝不肯纯然流于枯燥，后来的玄学也秉承了这种生机。在古代，不管思想如何变化，时尚如何流转，做诗始终是读书人的习惯。到了玄学盛行的时候做什么诗？当然就是所谓的玄言诗。对于玄言诗，我们文学史上历来评价不高，刘勰在《文心雕龙》中就贬斥过玄言诗，他说玄言诗的毛病就在于满是道德，读起来跟《老子》的五千言一样毫无文采，不可爱。所以玄言诗在中国诗歌史上流行的时间不很长，但是影响了整整一代人。当时一些非常著名的人物都写玄言诗，因为那时候他们急于表达玄理。到了他们的后辈。很快就把固有的文学素养和玄理相结合，于是便有了著名的山水诗，有了谢灵运、鲍照、陶渊明这样的大家。他们发现，对于自然，描述比论证更有魅力。自然之中处处是理，正所谓大道无处不在，但如果你只是在讲述那些原理和机制，实在是一件沉闷的事。

即便是那些精彩的寓言，也往往因为目的性太强而缺乏亲和力。是啊，列举一大串的奇特的生物繁衍现象，固然能说明生化之理，但是总显得还有些不完美。不完美在哪儿呢？不灵动、不亲切、不能让人在心灵上产生共鸣而念念不忘，很久以后的人们渐渐喜欢用这样一个词：神韵。神韵是什么？一句话说不清，很多话也未必说得清。但这个词用多了，大家保持相对统一的用法，不研究文学和艺术的人也跟着用，其实也就等于大体知道了它的意思。鸥鸟的故事或许算不上杰作，但相比之下它有着一种明显的追求神韵的色彩。"至为无为"固然是这个故事的核心，但作者并没有在理论上反复纠缠，反而是花了些心思去编排这个故事。故事的情节一一落实，中间留下了很多的空隙，并没有仔细加以描写，比如父子二人的心理，尤其是儿子在这个事件过程中的心理变化。但正是这些空隙最终成了读者想象、回味的空间，这种空间产生的妙用，又使得鸥鸟成了人们念念不忘的一个形象。

第七章 安时顺命

——列子原来这样说力命

　　顺命安时。长寿、名望、权位、财富，人生于世，无法逃避这四者的考验，而且很多人为此奔波一生，忙忙碌碌。正如杨朱所说，有了它们，人会畏惧鬼神，怕人非议，谄媚权贵，害怕刑罚，而且这些并非人力所能完全决定的。在《力命》杨布问难中，杨朱认为寿夭、贵贱、名誉、爱憎一切皆命，人是无法把握的。面对这一人生切要的问题，文本给出了自己的回答，"信命者，亡寿夭；信理者，亡是非；信心者，亡逆顺；信性者，亡安危"。人只有相信命运，知道命运是必然的，是人力无法抗拒的，才能忘怀这些。文章举东门吴丧子为例印证，他进一步指出"不逆命，何美寿？不矜贵，何美名？不要势，何美位？不贪富，何美货"，人只有顺命才不会有这种种束缚。人既要顺命又要安时，《列子·说符》中孟氏二子的遭遇正是如此，施氏总结道："凡得时者昌，失时者亡。子道与吾同，而功与吾异，失时者也，非行之谬也"，可见人生要获得当生的快乐就要顺命安时。这就是荣启期行乎　之野，鹿裘带索，鼓琴而歌的原因。顺命安时能够让人从容地面对寿夭、贵贱、贫富，而要求得心之平和，还得与自己周围万物相和谐。

至人若死

【原典】

杨布问曰："有人于此，年兄弟也，言兄弟也，才兄弟也，貌兄弟也，而寿夭父子也，贵贱父子也，名誉父子也，爱憎父子也。吾惑之。"杨子曰："古之人有言，吾尝识之，将以告若：不知所以然而然，命也。今昏昏昧昧，纷纷若若，随所为，随所不为，日去日来，孰能知其故？皆命也夫。信命者，亡寿夭；信理者，亡是非；信心者，亡逆顺；信性者，亡安危。则谓之都亡所信，都亡所不信。真矣悫矣，奚去奚就？奚哀奚乐？奚为奚不为？《黄帝之书》云："至人居若死，动若械，亦不知所以居，亦不知所以不居；亦不知所以动，亦不知所以不动。亦不以众人之观易其情貌，亦不谓众人之不观不易其情貌。独往独来，独出独入，孰能碍之？"

——《力命》

【古句新解】

杨布问杨朱说："这里有些人，年龄差不多，资历差不多，才能差不多，相貌差不多，而长寿与早夭大不相同，尊贵与低贱大不相同，名分与荣誉大不相同，喜爱与憎恶大不相同。我很不理解。"杨朱说："古时候的人有句话，我曾把它记了下来，现在告诉你：不知道为什么这样而这样的，这是命运。现有的一切都糊里糊涂，纷杂混乱，有的去做了，有的没有去做，一天天过去，一天天到来，谁能知道其中的缘故？都是命运啊！相信命运的，无所谓长寿与夭亡；相信自然之理的，无所谓是与非；相信心灵的，无所谓困难与顺利；相信自然本性的，无所谓安全与危险。这就叫做都没有什么可相信的，都没有什么可不相信的。真实呀，诚信呀，去了哪里，又回到了哪里？悲哀什么，高兴什么？做什么，不做什么？《黄帝之书》说：'德性最高的人坐下来像死了一样，动起来像机械一样。'也不知道为什么坐，也不知道为什么不坐；也不知道为什么动，也不知道为什么不动。也不因为大家都来观看而改变他的情态与形貌，也不说大家都不来观看而不改变他的情态与形貌。独自去，独自来，独自出，独自入，谁能阻碍他？"

自我品评

道家认为人的寿夭、贫富、贵贱、祸福是命中注定的，人智很难预知也无法改变，这种观点学术界称之为命定论。命定论在中国古代很流行，但对命的解释却不一致，有时还截然相反。从大的方面分，可以分为两类：一类是神意说，一类是自然说。神意说认为，人的命运是神意的体现，或者说是一种神秘意志的体现。自然说认为，人的命运是自然界某种因素的体现，或者说是自然界某种力量的体现。

在自然说中，又有两种理解：一种把由自然因素或自然力量造成的、人们只能这样而不能那样的必然趋势称之为命；一种把由自然因素或自然力量造成的、人们生活中意外的偶然遭遇称之为命。列子所说的命，正是自然说中第二种。科学一点说，世上无命。因为所谓"命"，不管做什么样的理解，都带着一种神秘莫测、人力无奈的色彩。而人的寿夭、贫富、贵贱、祸福等都是人的努力、自然环境、社会环境相结合的产物，虽然人的智能不可能完全预见它们，但是却不是根本不能预见它们；人的努力不可能单独决定它们，但是却不是绝对不能影响它们。比如一个人很穷，当他找到致富的方法之后，人们就可以知道他将要富起来了；一个人身体不好，通过锻炼就很可能转为健康而避免早亡。所以说，绝对不能认知、绝对不可改变的所谓"命"是不存在的。

在文中这个故事中，列子将认命与《大道篇》中万物归一、顺随自然的思想融会在了一起，认为客观世界中的偶然事件是难以预见的，而站在宇宙总体的角度考虑问题，也用不着去预见，因为说到根本上，万物都是一样的。懂得万物一样的道理，就用不着管它结果如何了，只要自己像枯木死灰一样，对周围一切无知无觉，顺水而流，也就可以了。

这里需要辨明的一点是，在列子的观念中，事物究竟是否可以完全认知？之所以提出这个问题，是因为在《智愚篇》"亢仓之知"的故事中曾说，无论是天地之外，还是宇宙之内，哪怕细如毫芒、微如针尖，"只要它干扰了我，我就能得知"，而在本篇中又说偶然的东西难以预知。二者岂不矛盾？在列子的思想中，这不仅不矛盾，而且恰恰说的是一种境界的两个方面。

前面说的可以得知，并不是说用耳目视听可以得知具体事物，而是说用全部身心可以体悟整个宇宙。体悟不是对事物的具体认知，而是朦胧的感应。正因为如此，所以最后的结论是消除人的主观作为，随从外物的变化而变化，也就是说顺其自然。这是从正面谈对事物的感应，从侧面谈耳目功能的局限。

后面说的对偶然事件不能预知，说的正是对偶然事件不能用耳目视听预知。正因为不能用耳目视听预知，所以最好的办法是放弃耳目认知而顺其自然。顺其自然也就是朦胧感应。这是从正面谈耳目功能的局限，从侧面谈对事物的感应。也正因为前后两者是一致的，所以最后的归结点都是顺其自然。

知命安时

【原典】

侥侥成者，俏成也，初非成也。侥侥败者，俏败者也，初非败也。故迷生于俏，俏之际昧然。于俏而不昧然，则不骇外祸，不喜内福；随时动，随时止，智不能知也。信命者于彼我无二心。于彼我而有二心者，不若拚目塞耳、背权面隍亦不坠仆也。故曰：死生自命也，贫穷自时也，怨天折者，不知命者也，怨贫穷者，不知时者也。当死不惧，在穷不戚，知命安时也。其使多智之人量利害，料虚实，度人情，得亦中，亡亦中。其少智之人不量利害，不料虚实，不度人情，得亦中，亡亦中。量与不量，料与不料，度与不度，奚以异？唯亡所量，亡所不量，则全而亡丧。亦非知全，亦非知丧。自全也，自亡也，自丧也。

——《力命》

【古句新解】

因偶然而成功的，好像是成功了，实际上并没有成功。因偶然而失败的，好像是失败了，实际上并没有失败。所以迷惑发生在相似上，近似的时候最容易糊涂。在近似的时候而不糊涂，就不惧怕外来的灾祸，不庆幸内在的幸福；顺应时势而行动，顺应时势而停止，靠聪明才智是无法明白的。相信命运的人对于成功与失败没有不同的心情。

对于成功与失败有不同心情的人，比不上捂住眼睛、塞住耳朵、背对着城墙、面朝城壕也不会坠落下来的人。所以说：死亡与生存来自命运，贫苦与穷困来自时势。埋怨短命的，是不懂得命运的人；埋怨贫穷的，是不懂得时势的人，碰上死亡不惧怕，处于贫穷不悲伤，这是懂得命运、安于时势的人。如果叫足智多谋的人计算利害，估量虚实，揣度人情，他所得到的有一半，失去的也有一半。那些缺智少谋的人不计算利害，不估量虚实，不揣度人情，他所得到的有一半，所失去的也有一半。这样看来，计算与不计算，估量与不估量，揣度与不揣度，有什么不同呢？只有无所计算，才是无所不计算，才能完全成功而没有丧失。并不是心中知道要完全成功，也不是心中知道要丧失。一切都是自己完成、自己消亡、自己丧失。

自我品评

上面文中这段议论是对知命安时观点的理论阐述。在列子看来，人们对事物的判断都是不真实的。看见一件事情成功了，仅仅是好像成功了，而实际上并没有成功；看见一件事情失败了，仅仅是好像失败了，而实际上并没有失败。之所以说它是好像，是因为事物的发展变化都是事物自身自然而然的表现形式，无所谓成功，也无所谓失败。从事物自然而然发展变化的观点看问题，变成这样或变成那样，都是一样的，没有什么差别，都是它自身而已。这是列子要说的第一点。把它概括成一句话：事物都是一样的，用不着追求。

在列子看来，表面上事情好像有成有败，而是成是败，其结果是人所难以预测的。不管是智能高的人还是智能低的人，不管是测还是不测，事情的结果不外乎两种可能，或许成，或许败，人对事情的认识也不外乎两种可能，或许对，或许错。成败、对错都是自然而然、各占一半，不是人智所能得知、所能改变的。这是列子要说的第二点。把它概括成一句话：事情总是那样的，追求也无用。

　　既然事物都是一样的，用不着追求，追求也无用，那么唯一的出路就是承认"一样"，跳出好像成功、好像失败的迷网，舍弃人为的努力，将自己融于天地万物之中，顺其自然。这就是知命，这就是安时。

　　在这段议论中涉及两个需要指出的问题：一个是"时"的问题；一个是对错各占一半的问题。列子提出：是死是生，都是自己命运的展现；是富是穷，都是自己时机的展现。埋怨夭折的人，是不懂得命运；埋怨贫穷的人，是不懂得时机。这里谈到的"时机"就是所谓的"时"。在列子的学说里，"时"与"势"是对应的两个概念。"势"展现的是事物在一段时间内将是这样而不是那样的必然趋向；"时"展现的是事物在一瞬之间可能是这样也可能是那样的偶然情况。所以，"时"和"命"是同义词，都是指人们难以预测的、事物自身偶然出现的情况。正因为如此，所以列子将"命运"和"时机"前后并举。

　　列子说，多智多能的人合计、推断、揣度，少智少能的人不合计、不推断、不揣度，行为的结果都是正确的和错误的各占一半。这里有两层意思：一层是说，不是正确就是错误。这是从质上说的，不存在量的关系。一层是说，正确的比例占一半，错误的比例占一半。这是从量上说的。从质上说易于理解，从量上说不易理解。实际上，从量上说各占一半是有根据的，在一种事情只有对错两种可能的情况下，如果这种事情重复出现千万次，那么它的结果，对的与错的相比，大体上会是一半比一半。比如将一个硬币向上抛，让它自由落地，抛上千万次，落地的结果，正面向上与反面向上的次数大体是各占一半，这就是概率论。列子在两千多年前提出这样的论点，可以说是相当惊人的。

管鲍之交

【原典】

管夷吾、鲍叔牙二人相友甚戚，同处于齐，管夷吾事公子纠，鲍叔牙事公子小白。齐公族多宠，嫡庶并行。国人惧乱，管仲与召忽奉公子纠奔鲁，鲍叔奉公子小白奔莒。既而公孙无知作乱，齐无君，二公子争入。管夷吾与小白战于莒，道射中小白带钩。小白既立，胁鲁杀公子纠，召忽死之，管夷吾被囚。鲍叔牙谓桓公曰："管夷吾能，可以治国。"桓公曰："我仇也，愿杀之。"鲍叔牙曰："吾闻贤君无私怨，且人能为其主，亦必能为人君。如欲霸王，非夷吾其弗可。君必舍之！"遂召管仲。鲁归之，齐鲍叔牙郊迎，释其囚。桓公礼之，而位于高、国之上，鲍叔牙以身下之。任以国政，号曰仲父。桓公遂霸。管仲尝叹曰："吾少穷困时，尝与鲍公贾，分财多自与，鲍叔不以我为贪，知我贫也。吾尝为鲍叔谋事而大穷困，鲍叔不以我为愚，知时有利不利也。吾尝三仕，三见逐于君，鲍叔不以我为不肖，知我不遭时也。吾尝三战三北，鲍叔不以我为怯，知我有老母也。公子纠败，召忽死之，吾幽囚受辱，鲍叔不以我为无，知我不羞小节而名不显于天下也。生我者父母，知我者鲍叔也！"此世称管鲍善交者，小白善用能者。然实无善交，实无用能也。实无善交、实无用能者，非更有善交，更有善用能也。召忽非能死，不得不死；鲍叔非能举贤，不得不举；小白非能用仇，不得不用。及管夷吾有病，小白问之，曰："仲父之病病矣，可不讳，云至于大病，则寡人恶乎属国而可？"夷吾曰："公谁欲欤？"小白曰："鲍叔牙可。"曰："不可。其为人也，洁廉善士也，其于不己若者不比之人，一闻人之过，终身不忘。使之理国，上且困乎君，下且逆乎民。其得罪于君也，将弗久矣。"小白曰："然则孰可？"对曰："勿已，则隰朋可。其为人也，上忘而下不叛，愧其不若黄帝而哀不己若者。以德分人谓之圣人，以财分人谓之贤人。以贤临人，未有得人者也；以贤下人者，未有不得人者也。其于国有不闻也，其于家有不见也。勿已，则隰朋可。"然则管夷吾非薄鲍叔也，不得不薄；非厚隰朋也，不得不厚。厚之于始，或薄之于终；薄之于终，或厚之于始。厚薄之去来，弗由我也。

——《力命》

【古句新解】

　　管夷吾、鲍叔牙两人交朋友十分亲近，都在齐国做事，管夷吾帮助公子纠，鲍叔牙帮助公子小白。当时齐国公族的公子被宠幸的很多，嫡子和庶子没有区别。大家害怕发生动乱，管仲与召忽帮助公子纠逃到了鲁国，鲍叔牙帮助公子小白逃到了莒国。后来公孙无知发动兵乱，齐国没有君主，两位公子抢着回国。管夷吾与公子小白在莒国境内作战，路上射中了公子小白的衣带钩。公子小白立为齐君以后，威胁鲁国杀死公子纠，召忽也被迫自杀，管夷吾被囚禁。鲍叔牙对桓公说："管夷吾很能干，可以治理国家。"桓公说："他是我的仇人，希望能杀了他。"鲍叔牙说："我听说贤明的君主没有个人怨恨，而且一个人能尽力为主人做事，也一定能尽力为国君做事，您如果想称霸为王，非管夷吾不可。请您一定救免他！"桓公于是召管仲回国。鲁国把他送了回来，齐国鲍叔牙到郊外迎接，解除了他的囚禁。桓公对待他很是礼遇，地位在高氏与国氏之上，鲍叔牙也把自己置于管仲之下。桓公把国政交给管仲处理，称他为"仲父"。桓公终于称霸于诸侯。管仲曾感叹说："我年轻穷困的时候，曾经与鲍叔一道做买卖，分配钱财时总是多给自己，鲍叔不认为是我贪婪，知道我贫穷。我曾替鲍叔出主意而非常失败，鲍叔不认为是我愚笨，知道时机有时顺利有时不顺利。我曾三次做官，三次被国君驱逐，鲍叔不认为是我不好，知道我没有碰到机会。我曾三次作战三次败逃，鲍叔不认为是我胆小，知道我有老母要人照顾。公子纠失败了，召忽自杀了，我也被囚禁而受耻辱，鲍叔不认为是我无耻，知道我不在乎小节而以不能扬名于天下为耻辱。生我的人是父母，了解我的人是鲍叔。"这是人们称道的管、鲍善于结交朋友的事，小白善于任用能人的事。然而实际上无所谓善于结交朋友、实际上无所谓任用能人。说实际上无所谓善于结交朋友、实际上无所谓任用能人，并不是说世上有比他们更善于结交朋友、更善于任用能人的事。而是说召忽不是能够自杀，而是不得不自杀；鲍叔不是能够推举贤能，而是不得不推举贤能；小白不是能够任用仇人，而是不得不任用仇人。到管夷吾生了重病的时候，小白问他，说："仲父的病已经很重，不能再瞒着你了，如果你的病治不好，那我把国家政事交给谁呢？"管夷吾问："您想交给谁呢？"小白说："鲍叔牙可以。"管仲说："不行，他的为人，是一个廉洁的好人，但他不把比自己差的人当人看待，一听到别人的过错，终身也不会忘记。用他来治理国家，在上面会困扰国君，在下面会违背民意。他得罪于您，也就不会太久了。"小白问："那么谁行呢？"管仲回答说："不得已的话，隰朋可以。他的为人，在上面能忘掉自己，在下面能使下属不卑不亢，对于自己不如黄帝而感到惭愧，对于别人不如自己表示同情。把仁德分给别人的叫做圣人，把钱财分给别人的叫做贤人。以为自己贤能而瞧不起别人的人，没有能得到别人拥护的；自己虽贤能而能尊重别人的人，没有得不到别人拥护的。他对于国事有所不闻，对于家事也有所不见。不得已的话，隰朋还可以。"可见管夷吾并不是要轻视鲍叔，而是不得不轻视他；并不是要重视隰朋，而是不得不重视他。开始时

201

重视，有可能后来要轻视；开始时轻视，有可能后来要重视，重视与轻视的变化，并不由我自己。

自我品评

　　这个故事主要是在讲知命。认为人做什么与不做什么，不是个人的意愿所能决定的，而是客观事物自身内在的因素在起作用。在这种客观因素中有一种只能这样而不能那样的趋势。这种趋势，不以个人的好恶而改变，认识了它，顺着它去行事，就能带来好的结果；不认识它，不顺着它行事，就要带来坏的结果。列子将这种人意不能违背的称为"命"。鲍叔牙认识了欲称霸诸侯必用管子的势，推荐了管子，所以成功了；桓公认识了欲称霸诸侯必听鲍叔牙之言的势，重用了管子，所以成功了；管子认识了维护齐国霸主地位、保持鲍叔牙安稳生活必不能让鲍叔牙执政，所以推荐了隰朋，而不推荐鲍叔牙。

　　列子讲命运，归结点是"顺其自然"。而"顺其自然"在道家那里不是被动的行为，而是一种与天地万物和谐一体的精神境界，有在总体上体验到宇宙脉搏而随风起舞的意味。因此，他所说的认命、顺命，不具有一般意义上的被动性，却具有潜意识状态下的主动性。在《大道篇》中有在险水恶浪中自由游泳的故事，在《巧术篇》中有伸手捕蝉犹如拾物的故事，都讲的是这种境界和状态。而这种状态和境界又是经过长久的磨练才能达到的，所以列子把达到这种境界和状态的人称为圣人。由此看来，列子讲命与他整个思想体系是统一的。

友不相交

【原典】

墨尿、单至、啴咺、憋憨四人相与游于世，胥如志也。穷年不相知情，自以智之深也。巧佞、愚直、婵斫、便辟四人相与游于世，胥如志也。穷年而不相语术，自以巧之微也。狡愑、情露、謇极、凌谇四人相与游于世，胥如志也。穷年不相晓悟，自以为才之得也。眠娗、誂诮、勇敢、怯疑四人相与游于世，胥如志也。穷年不相谴发，自以行无庇也。多偶、自专、乘权、支立四人相与游于世，胥如志也。穷年不相顾眄，自以时之适也。此众态也，其貌不一，而咸之于道，命所归也。

——《力命》

【古句新解】

木立、勤摇、迟缓、急躁是四位非常要好的朋友，大家在一起都感到心情特别舒畅，可是相处了许多年，相互之间谁都不知道其他人的智能，他们的共同点仅仅在于各自都以为自己的智慧很深奥。

逢迎、愚直、呆滞、恭顺是四位非常要好的朋友，大家在一起都感到心情特别舒畅，可是相处了许多年，相互之间谁都不知道其他人的技巧，他们的共同点仅仅在于各自都以为自己的技巧很高明。

冷漠、情露、木讷、诡辩是四位非常要好的朋友，大家在一起都感到心情特别舒畅，可是相处了许多年，相互之间谁都不知道其他人的情趣，他们的共同点仅仅在于各自都以为自己的才能很出众。

脑脒、推诿、勇敢、怯疑是四位非常要好的朋友，大家在一起都感到心情特别舒畅，可是相处了许多年，相互之间谁都不知道其他人的毛病，他们的共同点仅仅在于各自都以为自己的行为很得体。

随和、自专、乘势、独立是四位非常要好的朋友，大家在一起都感到心情特别舒畅，可是相处了许多年，相互之间谁都不知道其他人的性格，他们的共同点仅仅在于各自都以为自己的举止很适时。

这么多的人，各有各的形态，各有各的相貌，各有各的性格，各有各的才能，很不相同，却能聚在一起，成为朋友，那是因为他们都在顺应自己的命。

自我品评

这个故事谈到了五组朋友，每组四人，共是二十个人。他们的名字分别代表了他们各自的特征：木立，呆立无知的样子；勤摇，摇动不停的样子；迟缓，行动不敏的样子；急躁，性情不稳的样子。

逢迎，阿谀献媚的样子；愚直，耿直不曲的样子；呆滞，反应不捷的样子；恭顺，恭敬顺从的样子。冷漠，冷淡无情的样子；情露，热情洋溢的样子；木讷，言语不畅的样子；诡辩，口齿伶俐的样子。脑脒，见人害羞的样子；推诿，责任旁推的样子；勇敢，胆大无畏的样子；怯疑，胆怯疑虑的样子。随和，顺随人意的样子；自专，个人专断的样子；乘势，借助外力的样子；独立，无依无靠的样子。

在列子看来，事物发展变化的最后决定者是命，而命又是人的能力无法控制的，所以最好的办法是认命、顺命。认命、顺命，不祈求用人的努力改变命运，这样，客观世界对自己来说也就不存在什么好坏、善恶的问题了。既来之则安之，万物自然，自己也自然，最后的结果是与万物水乳交融，合为一体。这种境界即是懂得一切皆命的道理后，吃野菜、住草棚，都感到非常安适、愉快。因为在列子看来，只要认命、顺命，也就无所谓穷，无所谓苦了，一切都能适应。

二十个人二十种特征，可是却能四四为伍，亲密相处。为什么？就是因为他们各随自性，各顺自命，互不妨碍。正像故事中所说的那样，只知道自己的特长而不知道其他人的情况。既不知道，也不过问，更不干涉，只管自己按照自己的特征自然动止。这就是顺其自然，这就是认命。各自都顺其自然而行，各自都认命，这就是他们的共同点，这就是不同中的相同，这就是他们融为一体、共同组成一个统一世界的基础。这个故事的基本含义就是如此。概括成一句话，就是认命，即是归万为一，顺其自然。

季梁赏医

【原典】

　　杨朱之友曰季梁，季梁得病，七日大渐，其子环而泣之，请医。季梁谓杨朱曰："吾子不肖如此之甚，汝奚不为我歌以晓之？"杨朱歌曰："天其弗识，人胡能觉？匪佑自天，弗孽由人。我乎汝乎！其弗知乎！医乎巫乎！其知之乎？"其子弗晓，终谒三医，一曰矫氏，二曰俞氏，三曰卢氏，诊其所疾。矫氏谓季梁曰："汝寒温不节，虚实失度，病由饥饱色欲，精虑烦散，非天非鬼。虽渐，可攻也。"季梁曰："众医也，亟屏之！"俞氏曰："汝始则胎气不足，乳湩有余，病非一朝一夕之故，其所由来渐矣，弗可已也。"季梁曰："良医也，且食之！"卢氏曰："汝疾不由天，亦不由人，亦不由鬼。禀生受形，既有制之者矣，亦有知之者矣，药石其如汝何？"季梁曰："神医也，重贶遣之！"俄而季梁之疾自瘳。

——《力命》

【古句新解】

　　杨朱的朋友季梁得了病，七天之后，病情越来越重，他的儿子很着急，要去请医生。季梁听后很生气，找来杨朱说："我的儿子真是不肖子孙，愚蠢到这个程度，我病就病了，重就重了，可他非要去请医生。你替我唱一支歌给他听好不好？"于是杨朱便放开嗓子唱了起来。他唱道："天尚不晓病由何处来，人岂能知病到何处去?人生之福上天不赐予，人死之祸人不能自觉。我呀你呀，不知其所以!医呀，巫呀，谁为通消息?"歌唱完了，季梁的儿子根本听不懂其中的道理，还是去请了医生来，而且一下请了三个：一位是矫氏，一位是俞氏，一位是卢氏。既然请来了，就让他们诊治一下吧。矫氏诊脉之后说："你这个病呀，属于冷热失调、虚实失度之症。是由饥饱不均、色欲过度、思虑太甚、精神烦乱引起的，不是鬼神造成的。虽然病的时间长了一些，但是还有法治。"季梁听后说："这是一个庸医，快快给我打发走!"俞氏诊完脉后说："你这个人呀，在没生下来的时候胎气就不足，生下来后吃奶又吃得过多了，病不是一期一夕的原因引起的，而是长期积累而成的，到现在才治已经太晚了，无法治了!"季梁听后说："这是一位良医，快请吃饭!"卢氏诊完脉后说："你这个病呀，不是上天造成的，不是人为造成的，也不是鬼神造成的，它是在你禀受自然、构成人形的时候就形成的，既没有控制它的东西，也没有知道它的东西，打针吃药对它是根本不起作用的!"季梁听后说："这真是神医呀，快快赏给他重金!"季梁的病没有治，过了一段时间自己好了。

自我品评

儿子请来了三个医生，季梁分别给了评价。之所以说第一个是庸医，是因为他说病是人为造成的，而且说人的医术可以治疗。之所以说第二个是良医，是因为他说病是先天自然造成的，人的医术无法医治；之所以不说他是神医，是因为他还没有完全否定后天的人为因素，说后天吃奶过多也是原因之一。之所以说第三个是神医，是因为他说病是先天造成的，而且完全否定后天人为的因素，认为人为的吃药打针根本不起作用。这种评价反映出来的观点与杨朱唱的歌是一个意思，这就是：得病与不得病、病愈与病不愈完全是一种自然而然的事情，人们既无法得知，也无法医治；得病不是人为造成的，去病也不是人为可行的。正是出于这种观点，所以季梁反对儿子请医生。也正是出于这种观点，在列子编的这个故事中，季梁的病没有治却自己自然而然地好了。

在一定程度上由于客观世界是复杂的，人的眼界和智能在一定时期是有限的，不可能将影响一件事情的所有因素都考虑到，即使考虑到了也不可能完全主宰。所以，没有预料到的、无力把握的偶然情况是存在的。列子将它称为"命"，有时也把它称为"时"。前种称呼带有神秘的色彩，后种称呼更多一些自然色彩，近似于我们经常说的"时机"和"机遇"。客观一点说，时机或机遇在人的生活中是相当重要的。与人的努力相比较，可以说它的重要性占着一半。

文章中这个故事说明了一个问题，这就是什么叫"命运"。而杨朱认为，所谓命运，也就是事物自己决定这种不知原因自然产生与自然消失的现象，列子称之为"命"。这个故事的主旨是说，人的疾病、人的生命不由人定，而由命定。列子认为在命运面前我们应该采取的态度是，人无法改变命运，想要改变也是徒劳无益的。因而，最好的办法是一切由着它，万物随自然吧！

西门之荣

【原典】

北宫子谓西门子曰："朕与子并世也，而人子达；并族也，而人子敬；并貌也，而人子爱；并言也，而人子庸；并行也，而人子诚；并仕也，而人子贵；并农也，而人子富；并商也，而人子利。朕衣则裋褐，食则粢粝，居则蓬室，出则徒行。子衣则文锦，食则粱肉，居则连欐，出则结驷。在家熙然有弃朕之心，在朝谔然有傲朕之色。请谒不及相，遨游不同行，固有年矣。子自以德过朕邪？"西门子曰："予无以知其实，汝造事而穷，予造事而达，此将厚薄之验欤？而皆谓与予并，汝之颜厚矣。"北宫子无以应，自失而归，中途遇东郭先生。先生曰："汝奚往而反，偊偊而步，有深愧之色邪？"北宫子言其状。东郭先生曰："吾将舍汝之愧，与汝更之西门氏而问之。"曰："汝奚辱北宫子之深乎？固且言之。"西门子曰："北宫子言世族、年貌、言行与予并，而贱贵、贫富与予异，予语之曰：'予无以知其实。汝造事而穷，予造事而达，此将厚薄之验欤？而皆谓与予并，汝之颜厚矣。'"东郭先生曰："汝之言厚薄不过言才德之差，吾之言厚薄异于是矣。夫北宫子厚于德，薄于命，汝厚于命，薄于德。汝之达，非智得也；北宫子之穷，非愚失也。皆天也，非人也，而汝以命厚自矜，北宫子以德厚自愧。皆不识夫固然之理矣。"西门子曰："先生止矣！

予不敢复言。"北宫子既归，衣其裋褐，有狐貉之温；进其茙菽，有稻粱之味；庇其蓬室，若广厦之荫；乘其荜辂，若文轩之饰。终身逌然，不知荣辱之在彼也，在我也。东郭先生闻之曰："北宫子之寐久矣，一言而能寤，易悟也哉！"

——《力命》

【古句新解】

北宫子对西门子说："我和你生活在同一个时代，而别人却使你显达；一样的世家大族，而别人却尊敬你；相貌也差不多，而别人却喜欢你；一样的说话，而别人却采纳你的意见；一样的做事，而别人却信任你；一样的做官，而别人却重用你；一样的种田，而别人却使你富裕；一样的经商，而别人却使你发财。我穿的是粗布衣服，吃的是粗糙的饭菜，住的是茅草屋，外出便步行。你穿的是绣着花纹的丝绸衣服，吃的是精美的饭菜，住的是高大华丽的房屋，外出则车马成群。在家庭中，你嬉戏欢笑有不理我的念头；在朝廷上，你夸夸其谈有轻视我的脸色。请客问候没有我的份，外出游玩不和我同行；已经有好多年了。你自以为仁德超过了我吗？"西门子说："我无法知道真实原因。你做事老碰钉子，我做事总是顺利，这不就是厚薄不同的证明吗？你却说你和我都一样，你的脸皮也太厚了。"北宫子无言以答，失魂落魄地回去了。半路上碰到了东郭先生。东郭先生问："你是从哪里回来，独自行走，且面带深深的惭愧脸色呢？"北宫子说了上述情况。东郭先生说："我可以消除你的惭愧，和你再到西门子家去问问他。"东郭先生问西门子说："你为什么要那么厉害地侮辱北宫子呢？姑且说说原因吧。"西门子说："北宫子讲他生活的时代、家族、年龄、相貌、言论、做事都与我相同，而低贱与尊贵、贫苦与富有却与我不一样。我对他说：我无法知道真实原因。你做事老碰钉子，我做事总是顺利，这恐怕是厚薄不同的证明吧？你却说你跟我都一样，你的脸皮也太厚了。"东郭先生说："你所讲的厚薄不过是说才能和仁德的差别，我所讲的厚薄与此不同。北宫子的仁德厚，命运薄，你的命运厚，仁德薄。你的显达，不是凭智慧得到的；北宫子的穷困，不是愚笨的过失。都取决于天命，而不是人力。而你却以德薄命厚自以为了不起，北宫子又以德厚命薄自觉惭愧，都不懂得本来的道理。"西门子说："先生不要讲了。我不敢再说了。"北宫子回去以后，穿他的粗布衣服，觉得有狐貉裘毛那样的温暖；吃他的粗粮大豆，觉得有精美饭菜的味道；住他的茅草屋，像是住在宽广的大厦中；乘坐他的柴车，像是有华丽雕饰的高大车马。终身舒适自得，不知道荣辱在他人那里还是在自己这里。东郭先生听到后说："北宫子已经糊涂很久了，一句话便能醒悟，也是容易醒悟的人啊！"

自我品评

对于大多数人来说，品德与才华是人为的，可以由人的努力来改变；命运是天生的，人的努力无能为力。西门子认为北宫子做事不成的原因在于人的努力不够，东郭先生认为北宫子做事不成的原因在于命运不佳。最后的结局是东郭先生说服了西门子，而且启发了北宫子：反映出的仍是命运重于努力的思想。和别的故事相比较，这个故事又多加了一层描述，亦即"认命"的态度。北宫子在东郭先生的启发下，抛弃了自己才德不济的观念，相信一切由命所定。既然一切由命所定，人的努力也就无用了。不仅人的努力无用，而且人的好恶也无用。既然如此，与其每天怨命，不如认命、顺命。认命、顺命，就是不分贫富、贵贱、荣辱、是非，既来之则安之。这样才能无忧无虑，自在安心。这就是北宫子得出的结论。列子认为这才是真正体悟了大道，所以通过东郭先生之口，对北宫子的体悟给予了肯定。

谁知其故

【原典】

杨布问曰："有人于此，年兄弟也，言兄弟也，才兄弟也，貌兄弟也；而寿夭父子也，贵贱父子也，名誉父子也，爱憎父子也。吾惑之。"杨子曰："古之人有言，吾尝识之，将以告若：不知所以然而然，命也。今昏昏昧昧，纷纷若若，随所为，随所不为。日去日来，孰能知其故？皆命也夫。信命者，亡寿夭；信理者，亡是非；信心者，亡逆顺；信性者，亡安危。则谓之都亡所信，都亡所不信。真矣悫矣，奚去奚就？奚哀奚乐？奚为奚不为？黄帝之书云：'至人居若死，动若械。'亦不知所以居，亦不知所以不居；亦不知所以动，亦不知所以不动。亦不以众人之观易其情貌，亦不谓众人之不观不易其情貌。独往独来，独出独入，孰能碍之？"

——《力命》

【古句新解】

杨布与他的哥哥杨朱讨论人与人之间的同异问题。杨布问："有这样的两个人，从年龄、言语、才能、相貌上看，都像兄弟一样接近，可是一个寿命很长而一个寿命很短，一个地位很高而一个地位很低，一个名誉很好而一个名誉很坏，一个喜欢接近善人而一个喜欢接近恶人，像父子两代人一样相距很远。这究竟是什么原因呢？我一直很迷惑。"杨朱说:"古人曾经谈到这个问题,我听说过,现在转告给你:不知所以然而然,这就叫做'命'。现在我们昏昏昧昧,只见世上的事物纷繁杂乱,一会儿是这个样子,一会儿是那个样子,今天这个东西出现了,明天那个东西消失了,谁能知道它们来来去去的原因呢?这些都是命啊!你说的这种现象就是这样:年龄、言语、才能、相貌一样,而寿夭、贵贱、地位、好恶却不一样。你不知道其中的原因,我也不知道其中的原因,谁都不知道其中的原因,这就是命。命就是如此,人们弄不清其中的原因,也不用追究其中的原因。命就是如此!"

自我品评

列子把命运归之于事物自身的自然而然,但是并不认为凡是事物自身的自然而然都叫做命运。在他看来,所谓"命运"仅只是事物自身自然而然运动的一种状况。他把事物自身的自然而然分成两个部分:一部分带有必然性,显示出来的是事物运动的轨道和法则。这个部分,相对来说被人认识和掌握的可能性较大。因为它表现为一种只能这样而不能那样的必然趋势,所以列子称之为"势"。另一部分带有偶然性,显示出来的是事物的偶遇和随机变化。这个部分,相对来说被人认识和掌握的可能性较小。因为它出现于人们的预料之外,人们很难控制它,所以给了它一个无可奈何的名字,这就是"命"。也就是说,列子所说的"命",指的是事物自然变化中那部分偶然出现的、人们不知所以然的状况。

在这里,杨朱给"命"下了一个定义,这就是"不知所以然而然"。也就是说,凡是人们不知道原因是什么而事物自然成了这个样子,那就是命。

从这个定义来看,"命"与"势"既有一定联系,也有一定区别。它们的联系是,都属于客观事物自身的变化状况,都属于事物的自然而然。它们的区别是:"势"体现出的是事物的必然性,人们可能认识，可以遵行，正如前面的故事所说的那样，鲍叔牙认识了，桓公遵行了，所以齐国成了诸侯霸主；"命"体现出的是事物的偶然性，人们难以认识，难以遵行，也就是上面所说的"不知所以然"。两者的区别也反映出了各自的特点："势"虽然是客观事物的自然而然，但是由于它具有必然性及可知性，所以可以转化为人的主动性，也就是说，人在认识了它之后，可以主动地顺应它。而"命"则不可。它是客观事物的自然而然，由于它是偶然的，难以认识的，所以人们难以主动地顺应它，只能处在被动的、无可奈何的地位，听任它的变化。

故事告诉我们，命运就是天给予的奖赏或惩罚。而所谓"天"，不是指天神，也不是指某种有意识的力量，而是指自然而然。自然而然就是不受任何外力干扰，事物自身的存在和运动。所以，所谓天的奖赏和惩罚，也就是事物自身自然存在、自然运动所呈现出来的两种结果，即和谐的结果和险恶的结果。由此可见，所谓命定，也就是事物自己决定自己。

除了上述故事，列子还举了一些例子，比如说农民要赶着季节下种，商人要有利可得才行，工匠追求技艺的高超，官员追求职位的升迁。这些都是为事物的趋势所迫造成的，都是势的体现。然而，趋势是否能够畅行无阻，则会受到种种偶然因素的制约。比如，农民有时会遇到旱，有时会遇到涝；商人有时会遇到得，有时会遇到失；工匠有时会遇到成，有时会遇到败；官员有时会遇到升，有时会遇到降。这些都是偶然的机遇造成的，都是命的体现。将上述内容概括一下，"势"与"命"的主要区别有两点：前者是必然的，后者是偶然的；前者是可知的，后者是不可知的。

力命之辩

【原典】

力谓命曰:"若之功奚若我哉?"命曰:"汝奚功于物而欲比朕?"力曰:"寿夭、穷达,贵贱、贫富,我力之所能也。"命曰:"彭祖之智不出尧舜之上,而寿八百;颜渊之才不出众人之下,而寿四十八。仲尼之德不出诸侯之下,而困于陈蔡;殷纣之行不出三仁之上,而居君位。季札无爵于吴,田恒专有齐国。夷齐饿于首阳,季氏富于展禽。若是汝力之所能,奈何寿彼而夭此,穷圣而达逆,贱贤而贵愚,贫善而富恶邪?"力曰:"若如若言,我固无功于物,而物若此邪,此则若之所制邪?"命曰:"既谓之命,奈何有制之者邪?朕直而推之,曲而任之。自寿自夭,自穷自达,自贵自贱,自富自贫,朕岂能识之哉?朕岂能识之哉?"

——《力命》

【古句新解】

力量对命运说:"你的功劳怎么能和我相比呢?"命运说:"你对事物有什么功劳而要和我相比?"力量说:"长寿与早夭,穷困与显达,尊贵与下贱,贫苦与富裕,都是我的力量所能做到的。"命运说:"彭祖的智慧不在尧舜之上,而活到了八百岁;颜渊的才能不在一般人之下,而活到了四十八岁。仲尼的仁德不在各国诸侯之下,而被围困在陈国与蔡国之间；殷纣王的行为不在微子、箕子、比干之上，却居天子之位。季札在吴国没有官爵，田恒却在齐国专权。伯夷和叔齐在首阳山挨饿，季氏却比柳下惠富有得多。如果是你的力量所能做到的，为什么要使坏人长寿而使好人早夭，使圣人穷困而使贱人显达，使贤人低贱而使愚人尊贵，使善人贫苦而使恶人富有呢？"力量说："如果像你所说的那样，我原来对事物没有功劳，而事物的实际状况如此，这难道是你控制的结果吗？"命运说："既然叫做命运，为什么要有控制的人呢？我只不过是对顺利的事情推动一下，对曲折的事情听之任之罢了。一切人和事物都是自己长寿自己早夭，自己穷困自己显达，自己尊贵自己低贱，自己富有自己贫苦，我怎么能知道呢？我怎么能知道呢？"

自我品评

事物的发展变化具有偶然性，人的行为难以逃脱偶然事件的左右。也许很多人自己并没有花费什么力气，由于偶然的机遇，事情成功了；也许一些人尽了自己最大的努力，由于偶然的因素，事情失败了。往往在遇到这种情况时，人们无可奈何，只好认命。于是一些人会产生疑惑，在人的生活和事业上，成功与失败是经常发生的，主要是取决于"力"还是取决于"命"？

故事中力量和命运进行了一场辩论。故事结尾没有什么关于这场辩论以努力的认输和命运的胜利而告终，表明了一个基本观点，这就是：在人类社会中，无论是事业的成功与失败，还是寿命的长短、遭遇的否泰，究其原因，人为的努力是次要的，自然的命运是主要的。这与列子的基本思想一脉相承。列子的基本思想是顺应万物之自然，以无为而达到无不为。

这个故事揭示出了认命思想的社会根源和认识根源。社会根源在于，人们在社会的丑恶现象面前是无能为力的，它既不是人们努力造成的，也不是人们的努力所能矫正的。既然如此，对于人来说也就只有一个办法，那就是随其自然、认命而已。认识根源在于，世界上的事物是繁杂多样、无穷无尽的，人们很难认识它们和把握它们。既然如此，造就它们、控制它们也就更是难上加难了。有鉴于此，对待客观事物最为省力、最为简便的方法就是无为。而从如上的角度看问题，列子重命轻力，有其可以理解的一个方面。但他却忽视了另一方面，这就是人是智能动物，不但能认识事物，而且能改造事物。尽管这种能力是有限的，但却能在一定的范围内决定事物的前途和命运。比如现代科学就在相当大的范围内改变着人的生活状况和人的寿命。由此看来，列子认命的观点存在着很大的局限性和片面性。

第八章 虚虚实实

——列子原来这样说真假

　　人与天地万物一样，也是在不停地变化，由无到有，由有到无，虚虚实实，实实虚虚，没有一时一刻的喘息之机。以梦为真，则行事一丝不苟；以真为梦，则遇事胸中坦荡。这种道理，有的人称之为荒诞，有的人称之为虚玄，有的人称之为彻悟，有的人称之为智慧。不管人们怎么评价，它的确洞察了事物的两个方面。这两个方面事事皆有，人人皆见，确确实实存在于万物之中、人世之间，然而人们大都置若罔闻、视而不见，把自己囚禁在狭小的圈子里，整日把眼睛盯在那些稍纵即逝的人间小事中，为名利而担心，为权势而争斗，战战兢兢，如临深渊，惶惶不可终日。有鉴于此，列子为人类打开展示宇宙长河的窗子，把人们带到一种无限广阔、无限恢弘的境界，引领人们走出狭小的圈子，让人们站在宇宙之中观人世，从而坦坦荡荡处世，自然自在生活。无论怎么说，都不失为一种睿智和明见。

梦中得鹿

【原典】

郑人有薪于野者，遇骇鹿，御而击之，毙之。恐人见之也，遽而藏诸隍中，覆之以蕉，不胜其喜。俄而遗其所藏之处，遂以为梦焉，顺途而咏其事。傍人有闻者，用其言而取之。既归，告其室人曰："向薪者梦得鹿而不知其处，吾今得之，彼直真梦矣。"室人曰："若将是梦见薪者之得鹿邪？讵有薪者邪？今真得鹿，是若之梦真邪？"夫曰："吾据得鹿，何用知彼梦我梦邪？"薪者之归，不厌失鹿。其夜真梦藏之之处，又梦得之之主。爽旦，案所梦而寻得之。遂讼而争之，归之士师。士师曰："若初真得鹿，妄谓之梦；真梦得鹿，妄谓之实。彼真取若鹿，而与若争鹿。室人又谓梦仞人鹿，无人得鹿。今据有此鹿，请二分之。"以闻郑君。郑君曰："嘻！士师将复梦分人鹿乎？"访之国相。国相曰："梦与不梦，臣所不能辨也。欲辨觉梦，唯黄帝、孔丘。今亡黄帝、孔丘，孰辨之哉？且恂士师之言可也。"

——《周穆王》

【古句新解】

郑国有个人在野外砍柴，碰到一头受惊的鹿，便迎面把它打死了。他怕别人看见，便急急忙忙把鹿藏在干涸的池塘里，并用柴草覆盖好，心中十分高兴。不久，他忘了藏鹿的地方，便以为刚才是做了个梦，一路上还不断张扬这件事。路旁有人听到了，便按照他的话取到了鹿。回去以后，告诉妻子说："刚才有个砍柴人梦见得到了鹿却不知道放在什么地方了，现在我得到了，他这是成真的梦啊。"妻子说："你该不是梦见砍柴人得到了鹿吧？哪有那么个砍柴人啊？现在真的得到了鹿，是你的梦成真了吗？"丈夫说："我反正得到了鹿，哪里用得着搞清楚是他做梦还是我做梦呢？"砍柴人回家后，不甘心丢失了鹿。当夜真的梦到了藏鹿的地方，也梦到了那个得到鹿的人。天一亮，他就按照梦中的指示找到了得鹿的那个人。于是两人为鹿争吵起来，告到了法官那里。法官说："你最初真的得到了鹿，却瞎说是做梦；真在梦中得到了鹿，又瞎说是真实的。他真的取走了你的鹿，你们才要争这只鹿。他妻子又说是梦中错认了别人的鹿，没有什么人得到过鹿。现在就这么一头鹿，你们平分了吧。"这事被郑国的国君知道了。国君说："咳！这法官也是在梦中分鹿吗？"为此他询问宰相。宰相说："是梦不是梦，我是无法分辨的。要分辨是醒是梦，只有黄帝和孔丘才行。现在没有黄帝与孔丘，谁还能分辨呢？姑且就照法官说的办吧。"

自我品评

估计很多现代人看完上面这个故事，多半都会想到《红楼梦》里的贾探春，大观园里兄弟姐妹结诗社，各自要取别号：探春笑道："我就是'秋爽居士'罢。"宝玉道："居士主人到底不恰，且又瘰赘。这里梧桐芭蕉尽有，或指梧桐芭蕉起个倒好。"探春笑道："有了，我最喜芭蕉，就称蕉下客罢。"众人都道别致有趣。黛玉笑道："你们快牵了他去，炖了脯子吃酒。"众人不解。黛玉笑道："古人曾云蕉叶覆鹿，他自称蕉下客，可不是一只鹿了？快做了鹿脯来。"众人听了都笑起来。历来对《列子》中"覆之以蕉"的注释都说这个蕉是"樵"的通假字，也就是柴草。不过，用柴草盖住一头鹿和用芭蕉叶子盖住一头鹿，其诗情画意的差别可就大了，所以历来有不少人不管它原来的本意，执意将芭蕉和鹿联系在一起。至于曹雪芹，更是巧妙地利用秋、"蕉"这两个元素的多元属性，在这一段看似闲聊的描写中生动地展现了贾探春的性格特点，尤其是林黛玉一句别致精妙的幽默，无形之中为本来在诗文中含有凄凉孤独之意的芭蕉又添加了一层恍惚迷离的色彩，而这一切铺垫又都暗示着贾探春这个人物日后的命运，和"才自精明志自高，生于末世运偏消"的判词遥相呼应。在大观园中，贾探春是十分清醒的一个，然而这种清醒又何尝不是最深的梦境，是醒是梦只能托付给黄帝与孔丘去加以判别，现实中并没有人能给以分析，只好如士师那样按照宿命的安排任意东西。梦醒之间的区别是那样的微妙，我们几乎每天都在重复着士师一般的胡说八道。很遗憾，现在已经无法看到曹雪芹究竟是如何描述贾探春的最后结局的了，对"蕉鹿"事件的演绎并不完整。但是，现代人却有一个完整的版本，那就是著名导演王扶林拍摄的 87 版电视剧《红楼梦》。说它完整，并不指戏内的情节而言，而是说二十年前这样一个庞大的剧组参加这项摄制工作，整整三年，所有的人完全置身于一个陌生的虚拟世界中，这本身就似梦非梦、是梦非梦。这个剧组当初选用的都是名不见经传的年轻人，主要演员平均年龄只有二十岁。

他们生命中最灿烂的一段时光就是在拍摄《红楼梦》中度过的。在那个时候，他们究竟是在清醒地拍戏，还是在大观园里做梦？二十年后，央视做了一个节目，叫做《红楼剧组再聚首》。一群曾经朝夕相处、共同谱写辉煌的朋友坐到了一起，除了几个身在海外和不幸作古的没能报到。在剧中扮演贾探春的东方闻樱如今已经成了制片人，她曾经在剧组中找到了自己的婚姻，不过后来又离婚了。扮演贾宝玉的欧阳奋强已经成了导演，他的夫人并不是剧组中的成员。我们这里并不是要说别人的八卦，只是从中可以看到，当人投入于一件事的时候，现实与虚幻便有了交接与混淆，所有的人，包括演员本人或许都把三年的一部大戏看作了现实生命中的一环。就在聚首之后四年，曾经扮演精灵古怪地把探春编派成一头鹿的林黛玉的演员陈晓旭走了，以四十二岁这样一个不合适的年龄走了。在戏里，林黛玉是一个红颜薄命的情种，在现实中，陈晓旭也呈现了同样的宿命。这难道不是梦中人的梦吗？东方闻樱当年曾经和陈晓旭朝夕相处，无话不谈。失去了这个朋友之后，她回忆道：红楼一别 20 年，我们两个人再次聚首还是 2003 年一起录《艺术人生》红楼梦特辑。当时，我在门外的休息厅看着她远远地走过来，谁都没说话，就那么互相对了一下眼，就明白了——彼此都过得不错。那天陈晓旭非常精神，状态非常好。后来，看她从台上下来，我下意识地向旁边挪了一下，空出了点地，她就非常自然地坐在了我边上。这个小细节让我们都心领神会，这么多年过去了。默契还在啊。

现在还能说什么呢？祝福她吧。如果没有这件事，在忙碌的人生中，回忆《红楼梦》剧组的三四年是非常幸福、惬意的放松方式，但晓旭走了，那段记忆因为她变得异常沉重。谁敢说自己能够分辨其中的现实与梦境？谁又有资格去判定究竟林黛玉是陈晓旭的梦抑或陈晓旭是林黛玉的梦？要是有人生出更奇怪的见解，说她们都是飘忽于我们梦中的幻影，那又当如何分说？

换心医之

鲁公扈、赵齐婴二人有疾，同请扁鹊求治。扁鹊治之，既同愈。谓公扈、齐婴曰："汝囊之所疾，自外而干府藏者，固药石之所已。今有偕生之疾，与体偕长，今为汝攻之，何如？"二人曰："愿先闻其验。"扁鹊谓公扈曰："汝志强而气弱，故足于谋而寡于断。齐婴志弱而气强，故少于虑而伤于专。若换汝之心，则均于善矣。"扁鹊遂饮二人毒酒，迷死三日，剖胸探心，易而置之，投以神药，既悟如初。二人辞归。于是公扈反齐婴之室，而有其妻子，妻子弗识。齐婴亦反公扈之室，有其妻子，妻子亦弗识。二室因相与讼，求辨于扁鹊。扁鹊辨其所由，讼乃已。

——《汤问》

【古句新解】

鲁公扈和赵齐婴两人有病，一起请扁鹊医治。扁鹊为他们治了病，他们一起康复了。扁鹊对公扈和齐婴说："你们以前所害的病，是从外面侵入腑脏的，用药草和针石就能治好。现在你们有生下来就有的病，和身体一同增长，现在为你们治疗，怎么样？"二人说："请先说说我们的病症。"扁鹊对公扈说："你的心志刚强但气质柔弱，所以谋略多却不果断。齐婴心志柔弱但气质刚强，所以谋略少而失之刚愎。

如果把你们的心交换一下，那就都好了。"扁鹊于是叫两人喝了毒酒，让他们昏迷了三天，剖开胸膛，取出心脏，交换以后放回去，给他们吃了神药，醒来以后一切和原来一样。两人告辞回家。于是公扈回到了齐婴的家，并占有他的妻子儿女，妻子儿女却不认识他。齐婴也回到了公扈的家，占有他的妻子儿女，妻子儿女也不认识他。两家人因此打起了官司，求扁鹊来分辨是非。扁鹊说明了此事的原委，官司才得以解决。

自我品评

　　道家的寓言往往是真假掺杂，有时候有其人无其事，有时候事有传闻却未必可信，年代久远之后常常变成不敢不信又不敢全信的东西。关于古代的医术，什么扁鹊、华佗之类被传得很神，按理说不会完全是空穴来风，只是当代有很多人死活不信，不过这不是现在要谈的话题。不管《列子》这故事是真是假，总之是举出了一种极端例子来说明人的形体与心灵一旦分别对待，我们平素所说的真和假就会遭到极大的挑战。在这个话题里，我们固然可以忽略在先秦是否真能成功进行这种外科手术，但是我们无法忽略手术的意义，也就是说一个人的精神实质到底在哪个部位？按照汉语词汇，这个实质我们叫心灵、叫心性或者干脆叫心，只要能和人体部位挂上钩就是用这个"心"字，绝没有说肝说肺的。但是，现代科学知识又告诉我们，人的意识信息全部贮存在大脑中，心脏不过是循环系统的核心部件。汉字中虽然也有"脑"这个字，但古人却从来不说"脑子聪明"，只说"心灵手巧"、"心明眼亮"，这就怪了，那个能混淆我们究竟是谁的部位到底在哪里？

　　明朝末年，有一个意大利传教士名叫艾儒略，他在亚洲呆了近四十年，其中大部分时间是在中国度过的，死后也安葬在福州城外。老艾的语言天赋非比寻常，在中国呆了没几年居然就能用文言文写书了，除了做他的本职工作——宣传天主教之外，他的著作中也有不少是介绍西方的科技、哲学和地理的，《职方外纪》一书在西方文化全面进入中国之前就一直是中国人了解欧洲地理的基本书籍。老艾写过一本叫《性学桷述》的书，这个"桷"字，读音用法和"粗"字基本相同，现在的中国人一多半不认识这个字，老艾的汉语水平由此可见一斑。这本书也是以传教为主题的，不过书中也提及了一个令这位学贯中西的明白人百思不解的问题：西方人说大脑管记忆，中国人却说"心为灵君，万念皆生于此，从来诸子百家未有言脑为涉记者"，就连他自己这本书的一个章节也叫做"记心法"而不叫"记脑法"。想来想去，老艾提出了一个谁也不得罪的说法：心有血肉之心和知觉之心。在胸腔之中那个是血肉之心，知觉之心则遍布全身，不过其核心在心口处罢了。在很多时候，你想谁都不得罪，得到的结果就是谁都不理你，老艾就是这么回事，堂堂一个向中国人介绍西方文化的先驱，提出了一个如此重要的问题，硬是三百年没人搭理，基本上就没人知道他说过这么档子事。

1967 年，第一例成功的人工心脏移植手术宣告扁鹊的神技已经被变成了现实，四十年来，很多人通过这种日趋成熟的手术延长了生命，但是，同时也造就了大量现代版的公扈齐婴式的纠纷。一个名叫西尔万娜·佩斯卡的美国女子上法院状告给她做心脏移植手术的医生。医生大惑不解，因为手术做得相当成功，病人恢复得也很好，自己实在没有理由成为被告。到了法庭之后，他才搞清事情的原委。原来这例手术的心脏提供者是一个跳楼自杀的殉情者，本来西尔万娜并没有很在意这一点，只是明显感到自从换了心脏之后，她一下子从过去的开朗热情变得郁郁寡欢。

作为咖啡馆的招待员，顾客一看到她那沮丧落寞的样子，都纷纷改坐由别的招待员服务的桌子，咖啡店老板对此也抱怨连天，声称要炒她的鱿鱼。最离谱的是：她越来越有一种想爬上自家住的那栋高楼往下跳的欲望。后来，她从护士那里知道了自己这颗心脏的来源，便有了这么一场奇怪的官司。类似的报道能够找到很多，中国最近也有

一起，为此还做了个电视专题，说一个东北老人接受了一颗年轻人的心脏，此后的性格、习惯都发生了颠覆性的改变。这样的现象随着实例的增多而变得似乎无可置疑，但其中的道理却令人莫名其妙。很多研究医学、生理学、心理学的学者把注意力集中于此，并提出种种理论试图解释这一现象，但也有不少人对此持怀疑态度。已经做过约900例心脏移植手术的美国斯坦福医疗中心的约翰·施雷德教授认为，移植器官会导致供体的生活代码化体验同时传导给受体的说法是没有根据的，这很可能是个心理问题，上述病人的那些说法不过是他们的想象而已。

然而，如果没有什么专业程度极高的推理过程作支撑，这种说法几乎就是遁词。一般情况下，患者未必会事先仔细了解供心者生前的基本状况，本来就与之相熟的几率更是微乎其微，说他们接受心脏后由想象或自我暗示而使习惯、性格发生改变，那又如何会准确地与供心者生前的特征异常相似呢？二者之间唯一的交流、沟通就是一颗心脏，那么，谁能不怀疑心脏是一个承载着大量信息的器官呢？

问题还不止于此，在机理没有彻底搞清楚之前，这样的事情会让人生出另一种困惑：我的"根"究竟在哪里？哪个才是"真我"？如果说公扈和齐婴的故事只是纠缠于"心"和"形"之间的真假，那现在的问题就更加令人尴尬了，西尔万娜固然是在本来的形体上安装了别人的心，但是，此时的她仍然对此大为不满，甚至由此争讼，那么，这个西尔万娜究竟是谁？如果形随心变，换了心脏便是换了人。此时的西尔万娜应该就是那个殉情者，怎么会因为郁郁寡欢的性格和自杀的倾向而不满？会对此不满的只能是原来的西尔万娜而绝非殉情者！

逢氏医迷

【原典】

秦人逢氏有子，少而惠，及壮而有迷罔之疾。闻歌以为哭，视白以为黑，飨香以为朽，尝甘以为苦，行非以为是。意之所之，天地、四方、水火、寒暑，无不倒错者焉。杨氏告其父曰："鲁之君子多术艺，将能已乎！汝奚不访焉？"其父之鲁，过陈，遇老聃，因告其子之证。老聃曰："汝庸知汝子之迷乎？今天下之人皆惑于是非，昏于利害，同疾者多，固莫有觉者。且一身之迷不足倾一家，一家之迷不足倾一乡，一乡之迷不足倾一国，一国之迷不足倾天下。天下尽迷，孰倾之哉？向使天下之人其心尽如汝子，汝则反迷矣，哀乐、声色、臭味、是非，孰能正之？且吾之此言未必非迷，而况鲁之君子迷之邮者，焉能解人之迷哉？荣汝之粮，不若遄归也。"

——《周穆王》

【古句新解】

秦国一个姓逢的人家有一个孩子，小的时候很聪明，口齿伶俐，过目不忘，善解人意，着实讨人喜爱。可惜长大成人后却得了一种怪病，人称迷症。他听到歌声以为是哭声，看到白色以为是黑色，闻见香气以为是臭气，尝到甘甜以为是苦涩，办了错事以为是正事。凡是天下的事物，无论是东西南北、上下左右，还是水火寒暑、痛痒饥饱，一切都与常人的感觉相反。

一日，锣鼓喧天，笙乐齐鸣，一队人马簇拥着一乘八抬大轿从门前经过，邻居们都出门看热闹，原来是一家大户人家在娶亲。只见那新郎骑在高头大马上，胸前佩戴着大红结子，气宇轩昂，人们不禁啧啧赞叹。

正在此时，一阵粗犷的笑声从人群中传出，随后是一声怪里怪气的喊叫："怎么一个无头死尸骑在马上！"人们回头一看，是逢氏之子在那里指手画脚地胡言乱语。娶亲人家闻言大怒，一群人上去，不分上下头脚一阵乱打，打得鼻青脸肿，可是挨打的逢氏之子还不知道为什么打他，口里一直在叫："怎么一个无头死尸骑在马上！"没过多久，娶亲的新郎被人杀了，尸体被抛在荒野，其头不知去向。据说新娘原有所许，新郎家凭家富势大强夺人爱，新娘原许人家心中不平，杀人抛尸以报夺妻之仇。由此引起一场官司，逢氏之子也在被告之列，原因是他在娶亲之时诅咒了新郎。为此等事逢氏伤透了脑筋，多方求医，为其儿子治迷症。邻居杨氏周游列国回归，对逢氏说，鲁国有许多技艺高超的能人，不妨去那里看看，也许能访到良方。

逢氏按照杨氏的指点，打点好盘缠上路了。走到陈国，碰到了老子。他听说老子是当代之大圣人，所以求老子指点迷津。老子听后哈哈大笑，说："你怎么知道你儿子得了迷症呢？如今的人大都有迷症，颠倒是非，昏于利害，以丑为美，以恶为善，所以往往把真实的见解当成错误，把明智的常人当成迷狂。只要众人感觉是好的就说是好，众人感觉是坏的就说是坏，哪里知道众人所说的好恰恰是坏，众人所说的坏恰恰是好，众人皆是迷狂而被称为迷狂的人恰恰是正常的人。你如何证明你和众人没有迷症而你的儿子有迷症呢？假如众人都像你儿子那样，大概也就不说你儿子有迷症，反而会说你为儿子治迷症是一种迷了。现在连谁得了迷症都分不清楚，如何能治迷症呢？我现在说了一通，是否是昏话？连我自己都不知道。那些鲁国人比我更迷昏，他们说的话本身就是昏话，却自以为是至理名言，这可就昏上加昏了。他们连自己的迷症都不知道，怎么能为你儿子治迷症呢？我劝你还是不要白白耗费钱财和精力，快快回家吧！"

逄氏听此言后感到迷迷昏昏，不知道谁是谁非、孰迷孰醒，晃晃悠悠地回到了家。不过从此之后，他再也不感到自己的儿子患有迷症了，因为在儿子发表与众不同的见解时，他弄不清楚谁对谁错，也就不去分辨谁对谁错，所以他一直在平静的心境中生活着，无忧无虑，自由自在。

自我品评

在列子看来，老子是中国古代的大圣人，连他老人家都说谁迷谁清分不清楚，那一定是难分迷清了。人间之事难分迷清，正是这个故事的宗旨。事情是真是假，是是非非，本来泾渭分明，为什么说难以分清呢？故事中展示了两种原因：其一是人们抛弃了分辨是非的客观标准，而以众人的意见为标准。以多数人的意见为是，以少数人的意见为非。以众人的是为是则不一定是，以少数人的是为非则不一定非。而谁是谁非没有判别的客观标准，因此真假难辨、是非难分。

这就是故事中老子说的那种情况：如果众人得了迷狂之病，以是为非，以非为是，以美为丑，以恶为善，就会以说真话的人为迷狂。其二是客观的事物在不断地发展变化，一会儿是这样，一会儿又成了那样，周而复始，没有一个准谱。所以，当人说是时，也可能已经变成了非，当人说非时，也可能已经变成了是。这就像故事中所讲的那样，在逄氏之子说骑马的新郎是无头之尸时，可能他说的是胡话，而没过多久，这句胡话便成了真言，而反之亦然。这两个原因，前者是主观原因，后者是客观原因。这两个原因加在一起，整个世界便成了一个混沌，真假不分，是非不辨。立足于这样的观点，所以老子教导逄氏不要去分辨是非对错，不要去分辨谁迷谁清。在他看来，只有这样的人，才是最清醒的人，而也正因为是最清醒的人，所以也才是最迷昏的人。这就叫做知迷者清，不知迷者昏。大智若愚，大愚若智。

万物化生

【原典】

　　子列子曰："昔者圣人因阴阳以统天地。夫有形者生于无形，则天地安从生？故曰：有太易，有太初，有太始，有太素。太易者，未见气也；太初者，气之始也；太始者，形之始也；太素者，质之始也。气形质具而未相离，故曰浑沦。浑沦者，言万物相浑沦而未相离也。视之不见，听之不闻，循之不得，故曰易也。易无形埒，易变而为一，一变而为七，七变而为九。九变者，究也，乃复变而为一。一者，形变之始也，清轻者上为天，浊重者下为地，冲和气者为人；故天地含精，万物化生。"

　　　　　　　　　　　　　　　　　　　　　　　——《天瑞》

【古句新解】

　　列子说：过去圣人凭借阴阳来统御天地万物。有形的事物是从无形的事物中生出来的，那么天地又是从哪里生出的呢？所以说：有太易，有太初，有太始，有太素。所谓太易，就是指没有出现气的状态；所谓太初，是指气刚开始出现时的状态；所谓太始，是指形刚开始出现时的状态；所谓太素，是指质刚开始出现时的状态。气、形、质已经具备却没有分离开，所以叫做浑沦。所谓浑沦，说的是万物浑然一团而并未分离的状态。看它看不见，听它听不到，找它找不着，所以称之为易。易没有形状，易变化而成为一，一变化而成为七，七变化而成为九。九变即是终极，于是反过来又变成一，一是形变的开始，清轻之气上浮成为天，浊重之气下沉成为地，中和之气成为人，所以天地蕴含着精华，万物由此化生。

自我品评

近代学者马叙伦作《列子伪书考》，列举了二十条证据证明《列子》是伪书，其中第四条就是抓住了这一节：《乾凿度》出于战国之际，列子缘何得知？

表面上看，这的确言之有据，但仔细考究，其中问题多多。并不是马先生的论据有什么问题，毛病出在这个方面、这里所探究的问题本身。《周易乾凿度》的名字奇奇怪怪，对经学有点了解的人都知道，它是纬书中的一种。所谓纬书，是汉代人根据儒家经义附会出来的专讲符箓瑞应的书，内容大抵不外乎将各种自然现象看作是人事吉凶的征兆，从而得出很多稀奇古怪的预言。因为是和经书有关的，所以这名字也由借着"经书"来的，经、纬是一组对应词汇嘛。纬书的书名通常也是两个部分组成，前一半是某经书的名字，后半截是三个或两个有所取义的字，比如《尚书考灵曜》、《诗含神雾》、《春秋合诚图》等。由于历代帝王加以禁止，纬书大多已经失传，现在能看到的多半是后人的辑本。以上只是纬书的大致情形，其中某一种写成于什么年代、出自谁手已经很难确认，但不管它出自战国还是西汉，其中的内容未必都是原创，很可能有许多秦汉之前的流行学说，《列子》中有与之相同的话并没有什么好奇怪的，这就好比《中庸》可以引用许多《诗经》里的句子，汉魏人的著作也可以引用，不能以此证明《中庸》的创作年代晚于汉魏。

另外，先秦著作与后世著作不同，往往并非由本人亲自执笔，而后成为著作辗转传抄，多半有后人的编辑补充。当时的著作并不十分注重个人的文字保存，也完全没有类似著作权私有的概念，根本无以分辨那些内容出自谁手。所以，《庄子》未必全是庄周之笔，《墨子》并非全经墨翟之手，至于《论语》并非孔子所写，则是尽人皆知的事情。清代学者严可均在他的《书（管子）后》中说道：近人编书目者，谓此书多言管子后事，盖后人附骥者多。余不谓然，先秦诸子，皆门下弟子或宾客或子孙撰定，不必手著。

正是道出了先秦著作的一个通例。假如《列子》真是春秋战国时代的列御寇所传，那也不妨间杂一些比他本人年代稍晚的内容，如果以此便判定其为伪书，那先秦诸子恐怕全都在劫难逃了。

所以，这一节内容与《周易乾凿度》雷同并不能说明什么问题，还是需要认真看一下其理论是否与全书甚至与整个道家思想体系相吻合。阴阳化生，天地由来，这些是被后世归为玄谈的，儒家学术很少关注，孔子对此就取存而不论的态度，以致子贡叹息道："夫子之论性与天道，不可得而闻也!"只有在研究《周易》的时候才有一些相应的言谈，他在《系辞》所谈的"生生之谓易"和这里"无形埒"的"易"并不十分吻合，倒是老子说的"天下万物生于有，有生于无"与之比较接近。但奇怪之处在于《列子》这一节运用了一个并不常见的数理模式："易变而为一，一变而为七，七变而为九。"既不同于老子"道生一，一生二，二生三，三生万物"，也不同于《系辞》的"易有太极，是生两仪，两仪生四象，四象生八卦"。或许这种理论有它自己的由来和传承，只是流传不广，不为后人所熟知。

总的来看，《列子》这一节既有鲜明的道家倾向，又不是简单地反刍已有的道家理论，想仅仅由此来推论《列子》一书的真伪，恐怕是既不能证实，同样不能证伪。

《列子》自己就是真伪官司缠身的书，有趣的是它的内容中又有不少正好是谈论世间事的真假莫辨的，这就仿佛是你在桥上看风景，看风景的人在楼上看你。风景会因为视角不同而内容各异，直至包含了据说也是在看风景的人；真假会因为标准不同而彼此混淆，直至那笑谈真假的名著也被执迷的人们辨析着它的真假。要想豁达通脱，何其难也！斤斤于名利的，当然是放不开的，斤斤于是真是假的，又何尝不是一种没必要的挂碍？如果几百年后庄子再游人世，看到《列子》辨伪的热闹，不知他会不会有兴趣拿这个现象做一则寓言，去讪笑那些极力纠缠真假的人。

苦逸之复

【原典】

周之尹氏大治产，其下趣役者侵晨昏而弗息。有老役夫筋力竭矣，而使之弥勤，昼则呻呼而即事，夜则昏惫而熟寐。精神荒散，昔昔梦为国君，居人民之上，总一国之事，游燕宫观，恣意所欲，其乐无比。觉则复役。人有慰喻其勤者，役夫曰："人生百年，昼夜各分。吾昼为仆虏，苦则苦矣，夜为人君，其乐无比。何所怨哉？"尹氏心营世事，虑钟家业，心形俱疲，夜亦昏惫而寐，昔昔梦为人仆，趋走作役，无不为也，数骂杖挞，无不至也。眠中喊呓呻呼，彻旦息焉。尹氏病之，以访其友。友曰："若位足荣身，资财有余，胜人远矣。夜梦为仆，苦逸之复，数之常也。若欲觉梦兼之，岂可得邪？"尹氏闻其友言，宽其役夫之程，减己思虑之事，疾并少间。

——《周穆王》

【古句新释】

周朝有个姓尹的人大举经营产业，在他手下干活儿的人从早到晚都不得休息。有个老奴仆的筋力已经衰竭了，却更多地差遣他，白天呻吟呼喊着干活，晚上昏沉疲惫地熟睡。由于精神恍惚散漫，每天夜里都梦见自己当了国君，位居百姓之上，总揽一国大事，在宫殿花园中游玩宴饮，为所欲为，快乐无比。醒来后便继续服役。有人安慰他的劳苦，老奴仆说："人生百年，白天与黑夜各占一半。我白天做奴仆，苦是苦了，但黑夜做国君，快乐无比。有什么可怨恨的呢？"姓尹的人一心经营世间琐事，心思全集中在家业上，心灵与形体都很疲惫，晚上也是昏沉疲惫地熟睡，每天夜里梦见给别人当奴仆，奔走服役，什么活都干，挨骂挨打，什么罪都受。睡梦中大呼小叫，一直到天亮才停止。姓尹的人对此备感辛苦，便去询问他的朋友。朋友说："你的地位足以使你身份显贵，你的财产也用不完，胜过一般人太多了。晚上梦见做奴仆，那是辛苦和安逸的循环往复，是自然的常理。你要是想醒时与梦中都很快乐，那怎么可能呢？"姓尹的人听了朋友的话，便放松了奴仆工作的节奏，减少了自己思虑的心事，身心的疾苦也就得以减轻。

自我品评

这样的故事，显然是要被人当作寓言的。生活经验告诉我们，做梦的内容对人来说是完全随机的，虽说日有所思，夜有所梦，白天的现实和晚上的梦境截然相反的事也的确是有的，但从不曾听说哪个人会天天如此。

这里说的是梦，但其细节却有悖于真正的梦，那么，其真正所指应该是一个和梦十分相似的境界。那究竟是什么境界呢？无非就是我们常说的人生，我们认为真实无比的人生。

人生作为一个话题，很有诱惑力。谈人生是一件高雅的事，思考人生也是很必要的事，每个人都有着太多的困惑。然而，同样的话题说多了、听多了，早晚会觉得似曾相识。尹氏和奴仆的故事怎么看都像是阴阳两界、轮回转世之类的内容，只是说到最后没有立足于因果报应的原理，没有怂恿人为了好报而去行善，仅仅是从近似养生的角度来肯定宽厚仁慈的益处。

把生命看作一个完整的艺术品，经历的每一件事、每一个时刻都是一个枝节，不要去分辨它们的真与假，不要去关注它们的是与非，只要它们互补、平衡，那么生命就能展现出艺术的美妙。这样的想法，是道家的核心主张。

幻化之人

【原典】

周穆王时，西极之国有化人来，入水火，贯金石，反山川，移城邑，乘虚不坠，触实不硋，千变万化，不可穷极，既已变物之形，又且易人之虑。穆王敬之若神，事之若君，推路寝以居之，引三牲以进之，选女乐以娱之。化人以为王之宫室卑陋而不可处，王之厨馔腥蝼而不可飨，王之嫔御膻恶而不可亲。穆王乃为之改筑，土木之功，赭垩之色，无遗巧焉。五府为虚，而台始成。其高千仞，临终南之上，号曰中天之台。简郑卫之处子娥媌靡曼者，施芳泽，正娥眉，设笄珥，衣阿锡，曳齐纨，粉白黛黑，佩玉环，杂芷若以满之，奏《承云》、《六莹》、《九韶》、《晨露》以乐之，月月献玉衣，旦旦荐玉食。化人犹不舍然，不得已而临之。居亡几何，谒王同游。王执化人之祛，腾而上者，中天乃止。暨及化人之宫。化人之宫构以金银，络以珠玉，出云雨之上，而不知下之据，望之若屯云焉。耳目所观听，鼻口所纳尝，皆非人间之有。王实以为清都、紫微、钧天、广乐，帝之所居。王俯而视之，其宫榭若累块积苏焉。王自以居数十年不思其国也。化人复谒王同游。所及之处，仰不见日月，俯不见河海。光影所照，王目眩不能得视；音响所来，王耳乱不能得听。百骸六藏，悸而不凝。意迷精丧，请化人求还。化人移之，王若殒虚焉。既窹，所坐犹向者之处，侍御犹向者之人。视其前，则酒未清，肴未晞。王问所从来。左右曰："王默存耳。"由此穆王自失者三月而复。更问化人。化人曰："吾与王神游也，形奚动哉？且曩之所居，奚异王之宫？曩之所游，奚异王之圃？王闲恒有，疑暂亡。变化之极，徐疾之间，可尽模哉？"王大悦。不恤国事，不乐臣妾，肆意远游。命驾八骏之乘，右服骅而左绿耳，右骖赤骥而左白。主车则造父为御，为右。次车之乘，右服渠黄而左踰轮，左骖盗骊而右山子，柏夭主车，参百为御，奔戎为右。驰驱千里，至于巨蒐氏之国。巨蒐氏乃献白鹄之血以饮王，具牛马之湩以洗王之足，及二乘之人。已饮而行，遂宿于崑之阿，赤水之阳。别日升于崑之丘，以观黄帝之宫，而封之以诒后世。遂宾于西王母，觞于瑶池之上。西王母为王谣，王和之，其辞哀焉。廼观日之所入，一日行万里。王乃叹曰："於乎！予一人不盈于德而谐于乐，后世其追数吾过乎！"穆王几神人哉？能穷当身之乐，犹百年乃徂，世以为登假焉。

——《周穆王》

【古句新解】

在周穆王的时候，从极西的国度里来了一个善于变化的人。他能进入水火，穿越金石，颠倒山川，移动城池，乘虚不坠，触实不伤，千变万化，无有局限。不但能改变物件的形态，而且可以改变人们的思想。人们称其为幻化之人。周穆王很敬重他，把他当成神仙，服侍他如同君主。让出自己的寝宫给他居住，制作最好的膳食供他饮食，选出最好的美女伴他欢娱，而他却觉得王宫简陋而不能住，王膳腥臊而不能食，王嫔气膻而不可亲。为此，周穆王专门为他建筑了一所宫殿，用料之精、做工之巧、布局之妙就不用说了，花费了五府的金银财宝才修建好。它的高度在千丈之上，立于终南山上，起名为中天之台。又专门从出美女的郑国和卫国选了一批皮娇面嫩、柳眉蜂腰的处女，施以薄粉花香、妆以锦绣红黄，到这里来做服侍。还派了高级乐师在这里奏起了《承云》、《六莹》、《九韶》、《晨露》等高雅之乐。月月献上玉衣，日日供给玉食。就是这样，幻化之人仍然觉得不洁不雅，不愿进去居住。不过有碍于周穆王的面子，不得已才住了进去。没过几天，幻化之人邀请周穆王出去游览。周穆王扯着幻化之人的袖子，飞腾而上，穿过了层层白云，来到了幻化之人天上的宫殿。只见这个宫殿，上栋下宇是金银，门窗雕缀为珠玉，烟云缭绕，鹤鸣鹭叫，耳目所闻、鼻口所嗅，都不是一般人间的东西。周穆王觉得这是到了天庭仙界。再透过云雾向下看，周穆王自己的宫殿在下面，像是木块堆积的玩物一样，一点都不起眼，与这里相比，那可真是天壤之别。来到这里周穆王自己觉得住上几十年也不会思念自己的国家。在此没住几天，幻化之人又邀周穆王到另一处游览。来到的地方，仰望不见日月，低头不见河海。不知从哪里闪射出来的光芒，照得周穆王头晕目眩，不能睁眼；不知从哪里传来的声乐，震得周穆王心烦意乱，不能抒耳。只觉得浑身颤栗，骨骸抖动，六神激荡，意迷魂丧。周穆王无法忍受，请求带他回去。幻化之人轻轻推了他一下，他觉得脚下悬空，像是从梦中醒来。睁眼一看，自己坐在自己的座位上，似乎刚才就在这里坐着；侍人端着酒壶，似乎刚刚给自己斟过酒；再看桌上的菜肴，正在冒着热气，似乎是刚刚端上桌子。他问左右的人说："我这是从哪里来？"左右回答说："大王一直坐在这里，刚才不过沉默了片刻。"从此，他觉得神情忧忧惚惚，三个月才恢复。后来他问幻化之人。幻化之人回答说："我与大王不过是神游而已，形体并没有移动呀！形体的移动是很慢的，精神的移动是很快的。您好好想想，我们去的宫殿与您自己的宫殿有什么不一样呢？我们去的园林与您自己的园林有什么不一样呢？实际上并没有什么太大的差别，可是您却感到大得不得了，甚至到了难以忍受的地步。这是因为您常常待在自己的宫殿和园林里，时间长了，看不出其中的变化。一旦到了外面，就会觉得很新鲜。实际上，世界上的一切事物都在变，只要你出去走走，就能感觉到其中的变化，其变化之大，快慢之别，是人所不能描述的。在这方面您已经有了切身的体会。"

周穆王听了很高兴，从此不理国事，不恋臣妾，一心向往着外出游览，而且觉得走得越远越好。他套上最好的马，让最好的驭手造父驾车，将朝中的文武大臣都派上游览的用场，前呼后拥，离开了京城。

第一站来到了巨蒐氏之国。巨蒐氏以白鹄之血为饮料给周穆王喝，用马奶和牛奶为周穆王洗脚，连驾车的驭手都受到了这样的待遇。之后上路，晚上宿于昆仑之下、赤水之北。第二天登上昆仑山，瞻仰黄帝之宫，为了让它传于后代，特意题名加封。之后到西王母那里做客，在瑶池之上饮酒唱歌。西王母为之吟诗作歌，周穆王相随相和，和谐优美，声乐迎鹤。晚上二人又一同观看红日西落，其景之美，世人难知。就这样，周穆王每天巡游，日行万里，观遍了天下奇景秀色。他感叹地说："唉!我这个人没有什么功德，却享受到了如此的和美及愉悦，后世一定会骂我的呀!"周穆王如同神仙一样，逍遥自在，极世之乐，活了一百多年才离世，人们都以为他得道成仙、飞腾上天了。

自我品评

这个故事是说人世沧桑，没有终极，极富尽乐，终归于虚。它分四个方面来表述。首先，幻化人变化莫测，不但能移山倒海，而且还能易人心志。周穆王用尽了人间心机，都难以满足他的基本要求。因为在他看来，世间的华丽美妙与简陋腐臭之间没有什么差别，宇宙之间的变化没有极限;相对于宇宙的变化来说，人间的一切事物几乎是一样的，不但人间的事物是一样的，就连天上的宫殿与人间的宫殿也是一样的。因此他向周穆王说："我们去的宫殿与您自己的宫殿有什么不一样呢? 我们去的园林与您自己的园林有什么不一样呢? 实际上并没有什么太大的差别。"

其次，幻化人带领周穆王游览神界。虽说相对宇宙的大变化而言，人间与神界的差别很小，但站在人类世界看神界，差别还是很大的。来到第一层神界，周穆王感到的不同是美妙无比，甚至达到了流连忘返的程度。来到第二层神界，差别更是非同一般，以至于让人类都难以消受。所以周穆王要求返回人间。

再次，幻化人启发周穆王认识幻化。所谓幻化，就是说一切都在变化。有的变化比较快，能够在一瞬间就看得出来，比如精神的变化；有的变化比较慢，经过几十年才能看出来，比如形体的变化；有的虽然在变化，但因人们每日常见，所以不以为然，比如周穆王看待自己的宫殿；有的虽然变化并不算大，但因人们初次接触，所以觉得其中的差别很明显，比如周穆王看待神界宫殿与自己宫殿的差别。

最后，周穆王周游天下，亲身体验世界的变化。每到一处都有其特殊的地方，说明事物无穷，变化无止。随着周穆王的游历，不但展示了天地万物的不同和变化，也展示了周穆王形体的变化。形体的变化相对于精神而言，是比较缓慢的。虽然缓慢，但也逃脱不了变化。周穆王虽然活了一百多年，但终究还是化为了乌有。对于周穆王来说，神游也好，形游也好，享乐也好，受惊也好，这一切都伴随着他形体的变化，最后全部失去了它们的真实意义，化作了乌有。由此可见，昨天的真实如同梦，今日的神游如同真。真与梦仅只是时间之差。这就是故事的归结点。